Sylva Harst

Karneval – von Babylon bis Beuel

Kulturgeschichte

Band 8

LIT

Sylva Harst

Karneval – von Babylon bis Beuel

5000 Jahre Verkehrte Welt

200 Jahre Beueler Weiberfastnacht

LIT

Umschlagbild: Karl-Theo Stammer: Weiberfastnacht in Beuel

Bibliografische Information der Deutschen Nationalbibliothek
Die Deutsche Nationalbibliothek verzeichnet diese Publikation in der Deutschen Nationalbibliografie; detaillierte bibliografische Daten sind im Internet über https://dnb.dnb.de abrufbar.

2. Auflage 2024

ISBN 978-3-643-15512-2 (br.)
ISBN 978-3-643-35512-6 (PDF)

Verlagskontakt:
Fresnostr. 2 D-48159 Münster
Tel. +49 (0) 2 51-62 03 20
E-Mail: lit@lit-verlag.de https://www.lit-verlag.de

Auslieferung:
Deutschland: LIT Verlag, Fresnostr. 2, D-48159 Münster
Tel. +49 (0) 2 51-620 32 22, E-Mail: vertrieb@lit-verlag.de

Vorwort zur Zweiten Auflage

In diesem Jahr 2024 feiern wir 200 Jahre Weiberfastnacht. Und die wenigsten werden sich dabei daran erinnern, dass am Anfang bitterer Protest stand. Er war die Antwort auf den im Jahr 1823 in Köln durchgeführten Karnevalszug, der in ganz Deutschland große Beachtung gefunden hatte.

Mit ihm hat der moderne Karneval angefangen, wie üblich ohne Beteiligung von Frauen. Sogar die Preußen befürworteten damals die Bildung eines „Festordnenden Comitees“, das den Karnevalszug und die in der Karnevalszeit stattfindenden Veranstaltungen regeln sollte.

Beuel war damals ein Dorf von Fischern und Schiffern, aber die Jahrhunderte alten Lebensordnungen gerieten immer mehr aus den Fugen. Eine Besonderheit war hier die „Lohnbleiche“. Webereien und Tuchfabriken von Köln und den Städten an der Wupper lieferten ihre Stoffballen zum Bleichen an. Die Beueler Rheinwiesen und das sonnenbegünstigte Ufer boten dafür die besten Voraussetzungen.

Aber im November 1817 war ein großes Schiff den Rhein aufwärts gefahren – ohne Segel oder Ruder, weder von Menschen noch von Pferden gezogen. Aus seinen Schornsteinen kamen lediglich dicke Rauchschwaden – das Aus für weiße Wäsche.

Auf dem Rhein hielt die Dampfschifffahrt Einzug, verdrängte die Fische und die Lohnbleiche (in Frankreich waren inzwischen auch noch chemische Bleichmittel erfunden worden) und machte auch Schiffer arbeitslos. Dafür entstanden nun Wäschereien. Hier fanden Mädchen und Frauen Arbeit, um so ihre Familien mit über Wasser zu halten. Diese Arbeit war kein Zuckerschlecken. Und dass die Männer Jahr für

Jahr Karneval feierten und die Frauen 365 Tage im Jahr nur arbeiten sollten, das sahen sie nicht mehr ein.

Also gründeten sie 1823 ein Komitee, wählten eine Schultheißin und veranstalteten ein Jahr später, am Donnerstag vor Karneval, eine Sitzung, deren Programm sie selbst gestalteten. Das hatte es im 14. Jahrhundert auch schon mal gegeben, wurde aber ganz schnell wieder vergessen. Doch nun war die Zeit reif dafür, denn die Weiberfastnacht verbreitete sich ganz schnell in viele Städte und Dörfer des Rheinlands. In Bonn fürchteten sich lange Zeit die Männer, an diesem Tag nach Beuel zu gehen.

Heute gibt es allein in Beuel 25 Damenkomitees. Sie werden von der „Obermöhn“ regiert, die den Rathaussturm anführt. Legendär ist die Eroberung des Beueler Rathauses durch Erna Neubauer, die 1976 ihren „Kampf“ von einem Elefanten aus führte (in Beuel gastierte gerade ein Zirkus mit einem Elefanten).

Bei dieser Emanzipation verwundert es denn doch, dass Frauen im Kölner Rosenmontagszug erst 1978 offiziell zugelassen sind. Immer wieder müssen Frauen betonen, dass Weiberfastnacht kein Fest *gegen* Männer sondern *für* Frauen ist. Die volle Gleichberechtigung ist zwar immer noch nicht erreicht. Aber eines Tages wird sie so selbstverständlich sein wie die Weiberfastnacht!

Inhaltsverzeichnis

Vorwort zur 2. Auflage I

Karneval – die Verkehrte Welt...1

Die Geschichte des „Karnevals“ im Altertum...........................5

Mesopotamien – das Land zwischen
Euphrat und Tigris..9

Griechenland 14

Rom 20

Die Geschichte des Karnevals in christlicher Zeit 27

Kalenden des Januar und März – Neujahr 29

Esels- oder Narrenfeste 41

Karneval 51

Exkurs: Der Carrus navalis wird versenkt.......................56

Der „moderne“ Karneval...62

Ewiger Karneval...110

Literaturverzeichnis..113

1

Karneval – die verkehrte Welt

Wenn die Welt auf dem Kopf steht, das Unterste nach oben gekehrt wird, und das mit Absicht, überkommt viele Menschen Unbehagen. Chaos erschreckt, Chaos macht krank. Alles braucht seine Ordnung. Der gewohnte Gang hat etwas Beruhigendes an sich. Chaos – nein danke!

Und doch scheint der Mensch eine gelegentliche Auszeit vom alltäglich „Normalen" nötig zu haben. Das zeigt sich an der Begeisterung so vieler Menschen bei Fasching, Fastnacht oder Karneval, wie immer wir es nennen wollen. In den entsprechenden Gegenden gerät das Leben in der Woche vor der Fastenzeit aus den Fugen. Die Rathäuser werden von den Vertretern der Narrenzünfte erstürmt und die Amtsinhaber entmachtet. Es gibt Umzüge mit Fußtruppen und Wagen, die lokale und überregionale Themen aufs Korn nehmen, parodieren und karikieren. Mehr oder weniger Maskierte ziehen lachend, singend, tanzend, aber auch grölend und lärmend durch die Straßen. In dieser Woche ist die Ordnung aufgehoben, es gibt keine Sperrstunde, die Welt scheint auf dem Kopf zu stehen. Es herrscht eben „Verkehrte Welt".

Der Begriff „Verkehrte Welt" war bereits in der Antike bekannt und ist als Motiv weltweit zu finden. Er „bezeichnet die Umkehrung geltender Zustände". In den alten Kulturen war es vor allem die Verkehrung der sozialen Stellungen, die hier „gefeiert" und als Ventil gepflegt wurde. Die Sklaven wurden von ihren Herren bedient und die Herren von ihren Sklaven „gerichtet".[1] Zu jeder Verkehrten Welt gehören aber auch übermäßiges Essen und Trinken und sexuelle Ausschweifung.

An dieser Verkehrten Welt schieden und scheiden sich die Geister – in der Antike weniger, seit dem Auftreten des Christentums mehr. Die Antike ging mit dem Begriff Moral recht großzügig um. Was auch immer einem Menschen geschah oder was er tat – Liebe und Verge-

---

[1] Lurker, Manfred: Wörterbuch der Symbolik, Stuttgart 1988, S. 767

waltigung, Hass und Mord – „die Göttin wollte es so". Die Göttin, das war Tyche, die Schicksalsgöttin. Während alle anderen Götter beeinflussbar waren, galt allein Tyche als unbestechlich.

Im Weltbild der Christen hatte Verkehrte Welt zunächst keinen Platz. Doch das Verlangen der Menschen, wenigstens einmal im Jahr die Welt auf den Kopf zu stellen, ist wohl archetypisch. Und so ließ sich die Verkehrte Welt auch vom Christentum nicht verdrängen. Die Kritik an ihr blieb – wie wir sehen werden – durch die Jahrhunderte die gleiche. Doch ist es glücklicherweise diese Kritik, die uns ebenfalls Jahrhunderte lang über diese Feiern Auskunft gibt.

Auch heute sind die Meinungen geteilt, wenn es um den Karneval geht. Während das Herz der Karnevalisten höher schlägt, wenn sie an die tollen Tage denken, sind sie für andere so abschreckend, dass sie meinen, fliehen zu müssen. Ist letzteres eine „Krankheit"? Man könnte es meinen – wenn man die Lehren des indischen Kamasutra beherzigt. Nun werden Sie sich fragen, was das Kamasutra mit Karneval zu tun hat. Mehr als Sie denken!

Das Kamasutra dürfte das im Westen wohl bekannteste Buch der altindischen Literatur sein. Ich finde es traurig, dass es bei uns zu einer Art Sex-Buch degradiert worden ist. Denn eigentlich ist es ein Lehrbuch. 64 Kunstfertigkeiten werden darin genannt, die der Mensch erwerben bzw. über die er zumindest unterrichtet sein sollte. Dazu zählen die Architektur und die Malerei, der Gesang und der Tanz, die Dichtung und die Körperbeherrschung. Die Magie und das Glücksspiel gehören ebenso dazu, wie die Logik und die Chemie, das Kochen und das Schneidern und - die Kunst des Verkleidens.[2]

Im Karneval frönen wir dieser „Kunst" je nach Temperament und Neigung. Mit der Verkleidung wird der Mensch kurzzeitig ein anderer. Ein Kleid ist das zweite Ich des Menschen, seine zweite Haut. Welche Bedeutung die Kleidung hat, zeigt sich am ehesten an Uniformen. Der eigentliche Mensch tritt dahinter zurück, er *ist* das Amt und damit

---

[2] Görgens, Manfred: Kleine Geschichte der indischen Kunst, Köln 1986, S. 8

Macht und Autorität. Kleidertausch zwischen Freunden führt zu engster Verbrüderung. Ein neues Kleid bedeutet einen neuen Menschen. Im alten Rom wurde der Knabe mit der *toga virilis* zum Mann. In der Kirche werden Mönch und Nonne „eingekleidet“ und lassen damit ihr eigentliches Ich zurück. Auch Priester „verkleiden“ sich, wenn sie heiligen Raum betreten und mit Gott oder der Gottheit kommunizieren wollen. Ursprünglich traten sie nackt vor die Gottheit, denn Nacktheit galt als Zeichen der Reinheit.

In früheren Zeiten hatte jeder Stand seine Kleiderordnung. So war es im alten Rom zeitweise verboten, Goldschmuck zu tragen. Dies war allein das Privileg des Kaisers und seiner Familie. Da bei karnevaleskem Treiben alle Verordnungen aufgehoben sind, konnte dann „Goldschmuck“ ebenso getragen werden wie der Sklave sich den Freiheitshut aufsetzte, ohne dafür bestraft zu werden.

Das Spiel mit Masken und Kostümen ist nichts anderes als ein Spiel mit unserer Individualität. Wir wollen unsere oft so kleine Welt hinter uns lassen. Verkleidet können wir der sein, der wir sein wollen und kleine Verletzungen des Ichs ausbügeln. Spielerisch nehmen wir die Schattenseiten unseres Selbst an: wir werden Narr oder Clown und können alles sagen, was wir uns sonst vielleicht nicht zu sagen trauen, wir können Teufel oder Ungeheuer sein und anderen Angst machen, wir können unseren Traum erfüllen und bewunderte Prinzessin oder Prinz sein, die sich umjubeln lassen wie die Herrscher dieser Welt.

Karneval befriedigt kurzzeitig das Bedürfnis, bestehende Schranken und Grenzen aufzuheben, und das begründet wohl seine Beliebtheit. Dazu gehört auch, ob wir es wahr haben wollen oder nicht, sexuelle Freizügigkeit. Denn auch sie ist Teil der Verkehrten Welt, die wir über Jahrtausende (!) verfolgen können. Der Bonner Professor Carl Clemen wusste schon, dass zu allen Zeiten „über die Unsittlichkeit des Karnevals geklagt“ worden ist.[3]

---

[3] Clemen, Carl: Der Ursprung des Karnevals, in: Archiv für Religionswissenschaft, herausgegeben von Richard Wünsch, 17. Band, Leipzig 1914, S. 139-158, S. 153

Dass Karneval unterschiedlich gefeiert wird, zeigt nur, dass die Menschen eben verschieden sind. Selbst in Deutschland finden wir große regionale Unterschiede. Und ebenso verschieden sind die Feiern in anderen Ländern. In Rio ist Karneval ein farbenprächtiger Wettstreit zwischen den einzelnen Samba-Schulen. Der venezianische Karneval, der erst seit 1980 wieder gefeiert wird, wendet sich eher der Vergangenheit zu. Wesentlich ist hier das Tragen der alten Kostüme. Die Zeit der Dogen und der Macht Venedigs wird hier präsentiert. Eleganz ist angesagt.

Dass die zeitweise Aufhebung der gesellschaftlichen Hierarchie und der allgemeinen Ordnung ein Bedürfnis des Menschen ist, zeigt sich z. B. auch beim indischen Holi-Fest. Es ist das Fest der Sinne und der Liebe. Auch hier wird die zeitweilige Umkehrung etablierter Hierarchien der Geschlechter, des Alters und der gesellschaftlichen Stellung sanktioniert. Auch hier gilt das Fest als ein Ventil für die im Alltag ausgegrenzten Leidenschaften.

Bei der Feier des buddhistischen Neujahrsfestes nehmen sich Jung und Alt ebenfalls ungewöhnliche Freiheiten heraus. Da bewerfen z.B. Kinder mit Vorliebe Erwachsene, Mönche oder Touristen mit Wasser- und Farbbeuteln. Es herrscht ausgelassene Fröhlichkeit. Wie wir sehen werden, waren Neujahr und Verkehrte Welt eng miteinander verknüpft.

Es ist viel und ausführlich über Karneval geschrieben worden. Vieles ist richtig, manches stimmt nicht. Doch ist Karneval mehr als seine Geschichte seit 1823, dem Beginn des „modernen“ Karnevals, auch mehr als die Einführung dieses Begriffes ins Deutsche seit 1699. Um Karneval als Verkehrte Welt richtig zu verstehen, müssen wir über unsere Nasenspitze hinaussehen – auch oder gerade wenn Dietz-Rüdiger Moser meint: „Der kaum widerlegbare Tatbestand, daß die genannten Festbezeichnungen dem „Rhythmus des christlichen Jahreslaufes entsprungen“ sind und „keine Termine vorchristlicher Bräuche“ darstellen, hat indes manchen Autoren Probleme bereitet, „insofern ihnen unverständlich erschien, dass ein Fest, bei dem es manchmal recht unchristlich zugeht, seinen Namen einem christlichen Traditionszusammenhang entnommen haben sollte."[4]

Karneval als Verkehrte Welt ist keineswegs mit dem Christentum aufgekommen. Die frühe Kirche hat stets versucht, „Heidnisches" mit christlichem Inhalt zu füllen. Und so ist es auch dem Karneval ergangen. Glücklicherweise können wir dem Weg folgen, den dieses Fest genommen hat, bis es in der Zeit vor Aschermittwoch angekommen ist.

Der Weg dorthin war lang. Manchen wird es erstaunen, dass wir karnevaleske Verkehrte Welt schon in den frühen Kulturen der Menschheit finden, nämlich in den Ländern zwischen Euphrat und Tigris, d.h. im alten Sumer, in Babylonien und Assyrien, in Griechenland und selbstverständlich auch bei den Römern, die Vieles zu uns ins Rheinland gebracht haben.

Wir werden sehen, dass Karneval bzw. Verkehrte Welt Teil unseres Menschseins und damit Teil der Menschheitskultur ist. Das liest sich recht hochtrabend, soll aber auf die Intension dieser Arbeit verweisen, nämlich darauf, dass karnevaleskes Treiben seit fast fünftausend Jahren belegt ist. Irmgard Wolf und Manfred Engelhardt haben auf diesen Zusammenhang kurz hingewiesen.[5] Und diesem urmenschlichen Karneval soll hier nachgegangen werden.

Die Geschichte des „Karnevals" im Altertum

Suchen wir nach den tieferen Ursprüngen des Karnevals, so fällt auf, dass uns, wie schon gesagt, Verkehrte Welt in Darstellungen und Texten der ersten Hochkulturen der Menschen begegnet. In Mesopotamien, dem Land zwischen Euphrat und Tigris, ist sie sozusagen „von Anfang an" beim Neujahrsfest, dem größten religiösen Fest, zu finden.

---

[4] Moser, Dietz-Rüdiger: Fasching - Fastnacht – Karneval, Das Fest der „Verkehrten Welt", Graz; Wien; Köln 1986, S. 13

[5] Wolf, Irmgard, Engelhardt, Manfred: Von Karneval bis Erntedank, Rheinische Bräuche, Rezepte, Sagen & Geschichten, Köln/Duisburg 2001, S. 13

In der frühen Zeit der Menschheit bezogen sich Feste und die damit verbundenen Riten und Spiele auf die mythische Urzeit. Im Spiel versetzten sich die Menschen zurück an diesen Anfang. Damit nahmen sie teil an der göttlichen Schöpfung. Der dänische Religionshistoriker Groenbech spricht in diesem Zusammenhang von der „schöpferischen Kraft“ der Feste und des Feierns.

In den gestifteten Religionen wird die mythische Urzeit durch die historische Lebenszeit des Stifters ersetzt. Diese Zeit wird als neue Urzeit erlebt und immer wieder durch Wort und kultische Handlungen in Erinnerung gerufen. Wir „feiern“ das hl. Messopfer. Das„spielerische“ Element tritt deutlicher in den Passionsspielen hervor, in den Karfreitagsprozessionen der südlichen Länder oder z.B. der Hl.-Blut-Prozession in Brügge.

In allen Kulturen sind religiöse Feste heilige Zeiten und dienen der Verehrung eines Gottes. Die Griechen bezeichneten Festzeiten als „herausgenommene“ Zeit, sie waren aus dem Ganzen der Dauer herausgenommen. Der Begriff „Zeit“ an sich ist ein religiöser: das lateinische Wort *tempus* - Zeit - hat den gleichen Stamm wie das Wort *templum* – Tempel, Weihestätte.

Festzeiten unterbrechen den Alltag, das Gewöhnliche und Notwendige. Feste sind – wie das Spiel – im eigentlichen Sinn nutzlos. Und doch sind sie für unser Leben ganz wichtig, ja lebensnotwendig. Das gleiche gilt für den Karneval, an dem all das getan wird, was den Geboten entgegensteht. In den frühen Kulturen geschah dies sozusagen im Namen der Götter.

Das griechische Wort für Fest *panegyris* bedeutet Zusammenkunft eines ganzen Volkes bei einem gemeinsamen Heiligtum. Feste schafften und schaffen Gemeinschaft, und zwar sowohl zwischen den Menschen als auch zwischen Gott und Mensch. Zu jedem Fest gehörten allgemeine Lustbarkeiten. Dazu zählten Festmähler, sportliche Wettkämpfe, Theateraufführungen, aber auch derbe Scherze. Feste sind also für die Menschen ein Ausnahmezustand.

Schon in den alten Kulturen wurden diese Festtage kultisch geordnet und in einem Kalender festgelegt. So sind die Feiertage der eigentliche Ursprung des Kalenders, das Heilige wurde an die Zeit gebunden. Und es sind die Kalender, die die Zeitenwenden schaffen. Wir kennen babylonische, ägyptische und römische Kalender über glückliche und unglückliche Tage. Die festgelegte Wiederkehr von Feiertagen gab und gibt unserem Leben Struktur, Ordnung und Sinn.

Die Zeiteinteilung orientierte sich an den Jahreszeiten und den Gestirnen. Die Schwierigkeiten lagen darin, die Differenz zwischen dem Mondjahr und dem Sonnenjahr auszugleichen. Schon in der „Bibel" der Babylonier, dem Enuma elisch, wird die Dreiteilung der Zeit in Jahr, Monat und Tag festgelegt. Der oberste Gott Marduk bestimmte das Jahr mit 12 Monaten, für die er je drei Sterne festlegte, den Kreislauf des Mondes legte er für die Monate von 29 bzw. 30 Tagen zugrunde und die Sonne setzte er für den Tag ein.[6]

Viele Völker feierten im Frühling Neujahr, so etwa die Sumerer und Babylonier, aber auch die Bewohner der ältesten syrischen Reiche: Mari und Ebla. Die Assyrer wie die Bewohner von Ugarit feierten zunächst im Herbst Neujahr, ehe die Assyrer im 1. Jt. den Neujahrsbeginn der Babylonier übernahmen.

Ende und Anfang eines Zeitabschnittes waren für die Menschen von je her von besonderer Bedeutung. So stehen die ersten Berichte über eine Verkehrung der allgemeinen Gesellschaftsordnung denn auch in Verbindung mit dem Neujahrsfest. Und dieses Fest hing wiederum mit einer solaren Wende zusammen, wie z. B. der Wintersonnenwende, der Frühlings-Tag- und Nachtgleiche, etc. Diese „Auslegung" hängt eng mit den Ackerbaukulturen zusammen. Denn die Menschen waren fasziniert vom „zentralen Geheimnis der periodischen Erneuerung der Welt".[7]

---

[6] Hutter, Manfred: Religionen in der Umwelt des Alten Testaments I, Stuttgart; Berlin: Köln 1996 (RUAT), S. 72

[7] Eliade, Mircea: Geschichte der religiösen Idee, Bd. 1, Freiburg i.B. 1978, S. 49

Zu den Riten, die diese Feste begleiteten, zählten das Vertreiben von Dämonen durch Lärm und Geschrei. Man glaubte, dass die Toten die Lebenden besuchten. Man suchte nach Vorzeichen für die Zukunft. Mit dem Aussenden eines Tieres oder Menschen wurden die Sünden einer Gemeinschaft verjagt. Das alte Jahr war damit „erledigt". Es gab zeremonielle Kämpfe, kollektive Orgien, Maskenumzüge.[8]

In all diesen Dingen finden wir Motive wieder, die uns an Karneval erinnern. Und die gleichen Motive kennzeichnen schon das sumerische Neujahrsfest, das in ähnlicher Form von den Babyloniern und Assyrern gefeiert wurde. Über eine Umkehrung der Lebensordnung vor dem Beginn des neuen Jahres berichten auch griechische und römische Quellen.

Auf Ägypten werde ich nicht eingehen. Nicht, dass es hier keine „Verkehrte Welt" gegeben hätte. Die Papyri zeigen – deftig-derb und satirisch-erotisch – Darstellungen, die wohl eher unter der Hand kursierten, als dass sie in Schreibschulen gelehrt wurden. Hedwig Kenner meldet zwar Zweifel an, ob diese altägyptischen Bilder „wirklich ganz areligiös und fern jeder Jenseitssymbolik gewesen" sind.[9] Gemeinsam ist diesen Papyri jedoch, dass sie in keinem Zusammenhang mit einem Fest stehen und deshalb hier unberücksichtigt bleiben dürfen. Auch Jan Assmann, der große Ägyptologe, bestätigt, dass es Feste wie die römischen Saturnalien in Ägypten nicht gegeben hat.

Doch nun soll endlich damit begonnen werden, den „Karneval" in seinen ältesten Formen nachzuzeichnen. Und wir können auch hier – wie gewöhnlich in der Kulturgeschichte der Menschheit – mit Samuel Kramer sagen: „Geschichte beginnt mit Sumer".

---

[8] RGG, Bd. 3, S. 1419

[9] Kenner, Hedwig: Das Phänomen der Verkehrten Welt in der griechisch-römischen Antike, Klagenfurt 1970, S. 59

Mesopotamien – das Land zwischen Euphrat und Tigris

Das Land zwischen Euphrat und Tigris gehört zu jenen Landstrichen der Erde, in denen erste Hochkulturen der Menschheit entstanden sind. Hier haben sich die Sumerer niedergelassen, die zu den ältesten Kulturvölkern gehören, die wir kennen. Sie haben sozusagen die historisch greifbare Weltgeschichte eröffnet. Sie lebten in Stadtstaaten, die unabhängig voneinander regiert wurden. Der bekannteste ist wohl Ur, die Heimat des biblischen Abraham.

In eben diesem Ur ist wohl das größte und bedeutendste Fest des Zweistromlandes entstanden, das Neujahrsfest, das zur Zeit der Frühlings-Tag- und Nachtgleiche gefeiert wurde. Eine Beschreibung geben uns spärlichere sumerische und ausführlichere babylonische Texte. Sumerisch wurde das Neujahrsfest Akitu-Fest genannt. Es war schon im 3. Jt. v.Chr. von mehrtätiger Dauer. Das sumerische Wort Á-KI-TI könnte ausdrücken, „dass die Gottheit während des Festes auf der Erde verweilt“.[10]

Das Akitu-Fest erinnert uns einerseits an die Verkehrte Welt des Karnevals, andererseits hat es einen auffallenden Bezug zu unserem Osterfest. Denn Ostern war ursprünglich ein heidnisches Frühlingsfest des zunehmenden Lichtes, das Voraussetzung war für Wachstum und Wohlstand. Mittelpunkt des sumerisch-babylonischen Festes war, wie auch der Mittelpunkt aller Städte im Zweistromland, der Stufentempel, die Zikkurat, in der die Hohepriesterin lebte. Hier fand die Heilige Hochzeit statt, die von der Hohepriesterin als Repräsentantin der höchsten Göttin und dem jeweiligen König als Repräsentanten des Stadtgottes vollzogen wurde. Die Heilige Hochzeit war Garantie sowohl für die göttliche Ordnung, die durch dieses Ritual bestätigt wurde, wie für die ewige Erneuerung des Lebens auf Erden. Der Ritus sicherte das Wachstum auf den Feldern und die Vermehrung des Viehs.

Aus babylonischen Texten erfahren wir, dass das Fest während der ersten zwölf Tage des Monats Nisan (März/ April) eben an der Früh-

---

[10] Hutter, M.: RUAT, a.a.O., S. 75

lings-Tag- und Nachtgleiche gefeiert wurde. (Die römische Kirche wird später das Osterfest auf den ersten Sonntag nach dem 14. Nisan festlegen.[11]) Die ersten beiden Tage waren mit Gebeten und Reinigungszeremonien ausgefüllt. Marduk, der oberste Gott, wurde um Gnade für die Stadt, das Volk und den Tempel angefleht und um seinen Beistand beim Kampf gegen die Feinde.

Am dritten Tag wurden die Götterbilder für die Prozession hergerichtet, am vierten wurde das Schöpfungsepos rezitiert. Am fünften Nisan wurde der Tempel gereinigt. Dazu wurde ein Schaf geschlachtet und im Tempel herumgetragen, damit es alles Böse und Unreine in sich aufnehme. Dann wurde es sozusagen als Sündenbock ins Wasser geworfen und nahm alles Unreine mit sich.

Dann kam es zu einem ersten Höhepunkt des Festes. Der König musste vor den Hohenpriester treten: *„Zepter, Ring, Götterwaffe ... nimmt er weg, seine königliche Tiara nimmt er weg ... bringt sie vor Marduk hinein ... geht hinaus, schlägt den König auf die Wange ... bringt ihn vor Marduk hinein ... zieht ihn an seinen Ohren, lässt ihn auf dem Boden niederknien ...“*

Der König sprach dann ein sogenanntes negatives Sündenbekenntnis: Ich habe nicht gesündigt, ich habe keine Riten vergessen, ich habe keinen Untergebenen auf die Wange geschlagen, ich habe ihn nicht gedemütigt ... Von dem Priester heißt es dann weiter: *„Den König schlägt er auf die Wange. Wenn er den König auf die Wange geschlagen hat, wenn dann seine Tränen fließen, so ist Marduk gut gestimmt. Wenn seine Tränen nicht fließen, so ist Marduk zornig. Der Feind wird sich erheben und seinen Fall verursachen.“*[12]

Während der König bei den Sumerern Repräsentant des Gottes war, ist er in Babylonien lediglich König „von Gottes Gnaden“. Nach sei-

[11] Küster, Jürgen: Wörterbuch der Feste und Bräuche im Jahreslauf, Eine Einführung in den Festkalender, Freiburg im Breisgau 1985, S. 14

[12] Gressmann, Hugo: Altorientalische Texte zum Alten Testament, Berlin und Leipzig 1926, S. 302

ner vorübergehenden Absetzung erhält er den Segen des Priesters, der ihm seine Insignien wieder zurückgibt.

Am nächsten Tag fand eine Prozession statt, bei der die Statue des Stadtgottes von seinem Tempel zu einem Festhaus gebracht wurde. Dieses lag außerhalb der Stadt an einem Fluss oder Kanal. Der Gott gelangte mit einem Schiff dorthin. Wahrscheinlich handelt es sich hier um einen Flurumgang.[13]

Interessant ist in diesem Zusammenhang eine Abhandlung von Hugo Winckler über das „Himmels- und Weltenbild der Babylonier". Darin erwähnt er die Schifffahrt des Gottes zum Festhaus – allerdings ist er der Auffassung, dass dieses Schiff, das er *carrus navalis* nennt, ein Schiff auf Rädern war. Das würde auch den „Flurumgang" erklären, das Schiff „ging" zu Land. Winckler meinte: „Ob es als Schiff Marduks, der sich auf festem Lande bewegte, schon in Babylon auf Räder gesetzt wurde, oder ob das erst eine Folge der Prozessionsumzüge war, mag dahingestellt bleiben. Dagegen wird uns die Stellung des Karnevals als ursprüngliches Neujahrsfest ohne weiteres klar."[14] Damit greift Winckler weit voraus. Aber wir werden später sehen, dass er recht hat.

Der König als Garant der Ordnung und der Fruchtbarkeit musste an dieser Zeremonie teilnehmen. Babylonische Quellen berichten, dass der König die Hand des Gottes Marduks ergriff, um ihn aus dem Tempel zum „Neujahrsfesthaus" zu geleiten. Dort blieb er drei Tage. Im Anschluss an diese Prozession fand in Sumer die Heilige Hochzeit statt, die in Babylonien nur noch symbolischen Charakter hatte. Für das Volk begann nun der wichtigste Teil des Festes.

An diesen großen Kult- und Jahresfesten nahmen alle teil: Mann und Frau, Kind und Kegel, Sklave und Magd. Diese Feste wurden mit Opfern, Liturgien, kultischen Schauspielen und Prozessionen gefeiert,

---

[13] Hutter, M.: RUAT, a.a.O., S. 76

[14] Winckler, Hugo: Himmels- und Weltenbild der Babylonier als Grundlage der Weltanschauung und Mythologie aller Völker, Leipzig 1901, S. 51

„aber auch mit fastnachtsartigem Mummenschanz und orgiastischem Treiben".[15] Die Quellen berichten: *„Der Palast ist (wie) ein Fest, der König voll der Freude, das Volk verbringt den Tag in Überfluß."* (SAHG 18)

Die Feier wurde als fröhliches Volksfest begangen, wobei eine karnevalsartige Verbrüderung stattfand. Die sozialen Hierarchien waren aufgehoben, glanz- und freudevoll wurde gefeiert. Der König hatte die benötigten Gaben an Rindern, Kleinvieh, Fischen, Datteln, Brot und Bier bereitgestellt, und Wein galt „wie Wasser". Schon hier können wir von den tollen Tagen sprechen, an denen die Ordnung aufgehoben war und nach Herzens Lust gefeiert wurde.

Auf einem Siegel von Lagasch heißt es dazu: *„Am Tage, da der König einzog in den Tempel, während sieben Tagen, war die Magd gleich ihrer Herrin, der Sklave und der Herr gingen Seite an Seite."* (SAHG 32 B XVII) W. Heimpel hat Überlegungen angestellt über die Teilnehmerzahl an diesem „Großfest" und ist auf über 170.000 Festteilnehmer gekommen.[16]

Berichte aus spätbabylonischer Zeit und solche von späteren Kirchenschriftstellern lassen den Schluss zu, dass es in einigen Städten einen sog. „Tauschkönig" gegeben hat. Er wurde als Narrenkönig, als eine Art Prinz Karneval, eingesetzt. Der Auserwählte war ein zum Tode verurteilter Gefangener. Er wurde auf einen Königsthron gesetzt, erhielt ein Königsgewand, ein Zepter und den Ring. Nach Belieben durfte er kommandieren, essen und trinken. Zum Schluss aber wurde ihm das Königsgewand wieder ausgezogen, er wurde gegeißelt und dann gehängt.[17]

Der Ursprung für das Einsetzen eines Ersatzkönigs dürfte wiederum im Kalender zu finden sein. Beim Sonnenjahr rechneten die Menschen 12 Monate zu 30 Tagen. Bei den daraus sich ergebenden 360 Tagen

---

[15] Schmökel, Hartmut: Kulturgeschichte des Alten Orient, Augsburg 1995, S. 33
[16] Angaben nach M. Hutter: RUAT, a.a.O., S. 75
[17] Zimmern, Heinrich: Das babylonische Neujahrsfest, Leipzig 1926, S. 23

blieben noch 5 ¼ Tage zum astronomischen Jahr übrig. Jörg Kraus spricht in diesem Zusammenhang von einem „Zeitloch“.[18] Diese Tage bildeten die eigentliche Narrenzeit, in denen die Götter ihre Umzüge hielten, aber auch die Menschen.

Monatsbeginn war immer das Zusammentreffen von Sonne und Mond jeweils in einem anderen Tierkreiszeichen. Nimmt man ein reines Mondjahr von 354 Tagen an, so beträgt der Unterschied zum Sonnenjahr 11 bzw. 12 Tage, „die Festzeit also ebenso viel“.[19] Wie wir gesehen haben, war dies die Zeit der Neujahrsfeiern bei den Babyloniern.

Bei vielen Völkern wurde für die überschüssigen Tage ein Narrenkönig, „Prinz Karneval“ oder ein Spottkönig gewählt, der mit dem neuen Jahr durchgeprügelt und weggejagt – oder aber, wie aus Babylonien bereits berichtet, getötet wurde. Oft wird dieser Fürst oder König aber auch als Puppe umhergeführt und nach Ablauf der Zeit verbrannt oder ins Wasser geworfen., wie wir das noch sehen werden.

An diesen Tauschkönig müssen wir uns erinnern, wenn wir sehr viel später dem Fastnachtsmann begegnen werden, der z. B. in Bonn am Aschermittwoch auf dem Markt verbrannt wurde. Auch dieser Fastnachtsmann war natürlich eine Strohpuppe. Der Nubbel bzw. der Hoppeditz ist mit diesem Tauschkönig ebenfalls identisch. Doch davon später.

Die Assyrer dehnten die Feiern zu Neujahr auf zwanzig Tage aus. Nach der Eroberung des Zweistromlandes durch die Perser wurde das Neujahrsfest noch bis in christliche Zeit entsprechend gefeiert.

---

[18] Kraus, Jörg: Metamorphosen des Chaos: Hexen, Masken und verkehrte Welten, Würzburg 1998, S. 9

[19] Winckler, H.: Himmels- und Weltenbilder, a.a.O., S. 52

Griechenland

Auch bei den Griechen bestätigt sich, dass die Feier der Verkehrten Welt in Verbindung mit dem neuen Jahr stand. Doch hat hier geradezu ein Kalenderwirrwarr bestanden. Der Kalender von Athen stimmte nicht mit dem Mondlauf überein. Von einigen anderen Städten wissen wir, dass sie neben einem bürgerlichen Kalender einen zweiten beachteten, der sich „nur nach dem Lauf des Mondes richtete“.[20] Die Probleme mit Sonnen- und Mondjahr waren bekannt, nur die Lösung war eben schwierig. So heißt es bei den Griechen: „Die Vorfahren nahmen sich vor, die Monate nach dem Monde, die Jahre nach der Sonne zu rechnen.“[21] Danach ist es nicht verwunderlich, dass das Neujahrsfest unterschiedlich begangen wurde.

In Athen begann das neue Jahr am 28. Hekatombaion, etwa im Juli/ August, wobei überrascht, dass Neujahr hier am Monatsende begangen wurde und nicht am Beginn eines Monats. In anderen Gemeinden Griechenlands begann das Jahr am Ende der bäuerlichen Winterpause, also im Frühling.[22]

Und so finden wir zwei Feste in unterschiedlichen Regionen, die in diesem Zusammenhang von Interesse sind. Große Neujahrsfeste wie im Zweistromland gibt es in Griechenland schon nicht mehr. Doch markieren beide Feste den Übergang. Gemeint sind die Kronien, Kronos geweiht, einem der ältesten griechischen Götter, und die Anthesterien, dem Dionysos zu Ehren gefeiert.

Die Kronien wurden schon in der Antike mit den römischen Saturnalien gleichgesetzt. Doch sind griechische Feste unabhängig von den römischen zu sehen. Die Kronien waren der Inbegriff der Sklavenfreiheit. Kronos, der Vater des Zeus, gehörte – wie Saturn - zu den Urgöttern. Schon Hesiod, der in seiner „Theogonie“ die Heraufkunft der Götter und die Entstehung der Welt besingt, berichtet über seine „Fa-

---

[20] Der Kleine Pauly, Bd. 3, S. 61-62

[21] ebd., S. 1405

[22] Muth, Robert: Einführung in die griechische und römische Religion, Darmstadt 1988, S. 145

milienverhältnisse“. Walter Burkert hat dargelegt, dass Kronos im klassischen Athen einerseits das hoffnungslos Überholte repräsentiert, andererseits „ein nostalgisch-fernes Ideal der Glückseligkeit“.[23]

Der lateinische Schriftsteller Macrobius beschreibt im 5. Jh. n.Chr. das Fest der Kronien, wobei auch er nur zitiert: „Für Kronos und Rhea habe als erster in Attika Kekrops einen Altar errichtet, er habe diese Götter an Stelle von Zeus und Gaia verehrt, und er habe eingeführt, dass die Familienväter nach Einbringung der Feld- und Baumfrüchte allenthalben mit ihren Sklaven zusammen ein Essen veranstalten, mit denen sie die geduldige Arbeit bei der Bestellung des Landes durchgestanden hatten. Denn der Gott erfreue sich an der Ehrung der Sklaven in der Betrachtung der getanen Arbeit.“ (Sat. 1,10, 22)

Es ist nicht viel, was wir hier erfahren. Aber die Angaben bezeugen einen Ritus, bei dem es um ein festliches Essen und eine zeitweilige Aufhebung des Herr-Sklave-Verhältnisses ging. Die Kronia gingen in Athen den offiziellen Neujahrsfeiern voraus. Für Rhodos gibt es Zeugnisse, dass mit diesem Ritual Menschenopfer verbunden waren.[24] Die Kronia wurden in Athen im Monat Hekatombaion, dem Juli/August entsprechend, gefeiert. Dieser Monat war der erste im athenischen Kalender. Das staatliche Jahr begann dort am Tag des ersten Neumonds nach der Sommersonnenwende. In Olympia ist allerdings ein Fest zu Ehren des Kronos am Tag der Frühlings-Tag- und Nachtgleiche belegt.

H.S. Versnel geht in einer Studie über die Kronien davon aus, dass „der Ritus mit einem landwirtschaftlichen Fest begann, das in historischer Zeit in einem Feier-Komplex verankert war, der den Übergang vom alten zum neuen Jahr kennzeichnete und deshalb mit Riten des Rollentauschs begangen wurde.“[25]

---

[23] Burkert, Walter: Kronia-Feste und ihr altorientalischer Hintergrund, in: Siegmar Döpp (Hg.): Karnevaleske Phänomene in antiken und nachantiken Kulturen und Literaturen, Trier 1993, S. 13

[24] Bremmer, Jan N.: Götter, Mythen und Heiligtümer im antiken Griechenland, Darmstadt 1996, S. 60 + 73

[25] Zitiert in: Bremmer, J.N.: Götter, Mythen, a.a.O., S. 73

Das zweite Fest, bei dem fröhliche Ausnahmezustände herrschten, waren die Anthesterien, deren Name als „Blütenfest" gedeutet wird. Als Seelenfest gehört es zu den ältesten griechischen Festen und ist viel älter als der Dionysoskult. Was wir über dieses Fest wissen, gilt fast ausschließlich für Athen, doch soll es ein gemeinionisches Fest gewesen sein.[26] Drei Tage wurde es Ende Februar/Anfang März begangen. Wir wissen bereits, dass in einigen Gegenden Griechenlands das neue Jahr am 1. März begann. Die Riten, die wir bei diesem Fest antreffen, bestätigen wieder eine solche Zeit des Übergangs.

Ursprünglich waren die Anthesterien wohl „Beschwörungstage der Totenseelen". Nach altem Glauben stellte man sich vor, dass vor allem die Totengeister und Dämonen am Jahreswechsel ihr Unwesen trieben. Sie galt es zu bannen und zu besänftigen. Dem gegenüber treffen wir aber auch überschäumende Fröhlichkeit am zweiten Tag an mit dem Einzug des Dionysos und der Narrenfreiheit für alle.[27]

Bei verschiedenen Völkern finden wir die Vorstellung, dass am Ende des Jahres die Toten oder andere Seelengeister die Erde bevölkern und bewirtet werden wollen. Wenn die christlichen Kirchen am Ende des liturgischen Jahres den Totensonntag feiern, so geht auch diese Festlegung auf die uralten Vorstellungen und Bräuche zurück.

Die Anthesterien waren, wie gesagt, Dionysos geweiht, dem Sohn des Göttervaters Zeus. Er war der Gott des Weines und der Ekstase, des Lebens und des Wachstums. Charakteristisch für den Dionysos-Kult war die Maske, das Symbol der Aufgabe des Selbst und zugleich ein Mittel zu seiner Verwandlung.

Aus dem ionischen Smyrna wird von einem Umzug mit Schiffskarren berichtet. Das Schiff wurde von einem Priester gesteuert. Es „ging" vom Hafen aus auf den Markt, den es umkreiste. Auf Vasenbildern mit dem Schiffskarren ist der Gott bekränzt und hält große Reben-

---

[26] Nilsson, Martin P.: Griechische Feste von religiöser Bedeutung mit Ausschluss der attischen, Leipzig 1906, S. 267

[27] Der Kleine Pauly, Bd. 1, S. 373

zweige in der Hand als Zeichen des Weingottes. Es wird nicht gesagt, wo die Fahrt endete. Aber es ist anzunehmen, dass es zum Tempel ging, wo das Fest gefeiert wurde.[28]

Von den Athener Anthesterien ergänzen Vasenbilder die überlieferten Texte. Der erste Tag hieß Pithoigia, was wörtlich „die Öffnung der Weinkrüge" bedeutet. Die Bauern der Region brachten an diesem Tag Krüge mit neuem Wein zum Heiligtum des Dionysos. Hier wurden die Krüge in einer feierlichen Zeremonie geöffnet, der Wein mit Wasser vermischt und zum ersten Mal gekostet. Ein Bericht aus dem 4. Jh. v.Chr. sagt uns, dass „die Leute dann von der Mischung erfreut den Dionysos in Liedern feierten, tanzten und ihn als Euanthes (Blumenreichen), Dithyrambos (Überschwänglichen), Bakcheutes (Rasenden) und Bromios (Lärmenden) bezeichneten".[29]

Wein mit Wasser vermischt war das Hauptgetränk der Griechen. Sogar die Sklaven erhielten eine tägliche Ration. So blieb es nicht aus, dass der Anbau kontrolliert und die Ankunft des neuen Weines gefeiert wurde. Der zweite Tag galt dem Kannenfest, Choes - Krüge. Zunächst kauten die Menschen die Blätter des Kreuzdorns, die keineswegs gut schmeckten. Dann wurden die Türen mit Pech beschmiert und die Tempel geschlossen. Das Heiligtum des Dionysos blieb davon ausgenommen.

Anschließend fand auch hier die Prozession statt, in deren Mittelpunkt der Schiffskarren stand. Denn die Menschen dachten, dass Dionysos aus dem Meer steigen würde. Es war wieder dieses seltsame Vehikel, das die Form eines Schiffes hatte, aber auf vier Rädern fortbewegt wurde. In der Mitte des Schiffes führte man den Gott, wohl von einem maskierten Schauspieler verkörpert, mit. Rechts und links war er von je einem flötespielenden Silen flankiert. Angeführt wurde der Zug von Flötespielern und Girlandenträgern.[30]

---

[28] Nilsson, M.P.: Griechische Feste, a.a.O., S. 268 ff.

[29] Bremmer, J. N.: Götter, Mythen, a.a.O., S. 56

[30] Eliade, M.: Geschichte der religiösen Idee, Bd. 1, a.a.O., S. 331

An der Prozession nahmen Mädchen mit Körben und junge Männer mit Opfertieren teil. Außer dem Schiffskarren gab es noch andere Wagen, die mitgeführt wurden und deren Insassen (alles Männer) die Zuschauer am Straßenrand verspotteten. Am späten Nachmittag folgte ein seltsames Wetttrinken, und zwar einmal „zentral unter Aufsicht der höchsten Beamten“ wie auch lokal in den einzelnen Dörfern.

Entgegen jedem Brauch brachten die Menschen unvermischten Wein in eigenen Krügen mit und setzten sich an Tische. Normalerweise war der Wein vermischt, wurde aus Bechern getrunken, und zwar liegend und nie sitzend. Alle warteten dann auf das Signal einer Trompete, um daraufhin so schnell wie möglich drei Liter (!) Wein in völligem Stillschweigen auszutrinken. Dreijährige Kinder erhielten einen kleinen Krug als Spielzeug. Anschließend gab es ein üppiges Mahl.[31]

Aristophanes (445-386), der „genialste Dichter der attischen Komödie“, ein „rücksichtsloser Kritiker von Personen und Zuständen des öffentlichen Lebens“,[32] beschreibt in seiner Komödie „die Archaner“ solch ein Festmahl. Da heißt es:

Hört! Die Trompete ruft nach altem Brauch
Zum Kannenfest: der beste Zecher kriegt
’Nen Schlauch voll Wein, so rund wie Ktesiphon.
He, Bursche, Mädchen, habt ihr nicht gehört?
Was treibt ihr? Hört ihr nicht des Herolds Ruf?
Marsch, siedet, bratet, dreht den Spieß, zieht ab
Die Hasen, hurtig, hängt die Kränze auf,
Bringt Gabeln her, die Schnepfen dran zu stecken!
(1000-1007)

Zum Festmahl komm
Sogleich mit deinem Korb und deiner Kanne!
Der Dionysospriester lässt dich laden.
Nur schnell! Die andern warten längst auf dich,

---

[31] Bremmer, J.N.: Götter, Mythen, a.a.O., S. 57
[32] Antike Lyrik, herausgegeben von Carl Fischer, München 1964, S. 964

Und alles ist schon fertig zugerichtet,
Als: Tische, Polsterkissen, Teppiche,
Festkränze, Salben, Naschwerk, Freudenmädchen,
Lebkuchen, Fladen, Sesamstriezel, Krapfen,
Und Tänzerinnen - ... (1087-1095)

Zur Verkehrten Welt gehörte auch hier, dass während dieser Tage die Sklaven frei waren. Während dieses Festes durften sie ausgelassen mit feiern, „sich am Wetttrinken beteiligen und sogar Opfer darbringen.[33] Doch jede Gesellschaft braucht ihre Ordnung, die hier damit begann, dass ein Herold den dritten Tag des Festes, das Topffest, die Chytroi, verkündete.

An diesem Tag wurde ein Gericht aus allen möglichen Gemüsen gekocht und Hermes Chthonios, dem von der Unterwelt, und allen Toten geopfert. Es war ein Tag von böser Vorbedeutung, denn die Menschen glaubten, dass die Geister der Toten (keres) durch die Stadt zogen. Bremmer meint dazu, dass die Rückkehr zur Normalität dramatisiert werden musste.[34] Mircea Eliade ist dagegen der Auffassung, dass in der Zeit zwischen den Jahren, am Ende der alten Ordnung und dem Beginn der neuen Ordnung, „alle Grenzen zwischen den Toten und den Lebenden gefallen sind“.[35] Am Ende des Tages vertrieb man die Totengeister mit dem Ruf: „Verschwindet, Keres, die Anthesterien sind vorbei!“

Aristophanes erwähnt auch das Topffest in seinen Komödien. In „die Frösche“ beschreibt er eine Prozession von Betrunkenen, die am dritten Tag der Anthesterien zum Heiligtum des Dionysos zieht:

Brüder in Sumpf und Bach,
Laßt uns im Flötenton
Feierlich unser Lied
Anstimmen, süß melodisch ...

---

[33] Kenner, H.: Verkehrte Welt, a.a.O., S. 81

[34] Bremmer, J.N.: Götter, Mythen, Heiligtümer, a.a.O., S. 59

[35] Eliade, Mircea: Kosmos und Geschichte, Der Mythos der ewigen Wiederkehr, Frankfurt am Main 1984, S. 76

Das wir von jeher dem Sohne des Zeus,
Dem Nysischen Bakchos aus Sümpfen laut
Zugejubelt, wenn trunkenen Zugs
Am heiligen Topffest alles Volk
Wallfahrte zu unserm Gefilde! (210-219)

Wir können also annehmen, dass das Fest dort endete, wo es auch begann, nämlich im Tempel, und dass auch an diesem dritten Tag kein Alkoholverbot bestanden hat.

Die Anthesterien müssen *das* Fest vor allem für die Athener gewesen sein. Es wird berichtet, dass Themistokles, von den Athenern verbannt, dieses Fest in Magnesia/Kleinasien eingeführt hat. Dionysios, Tyrann von Sizilien, feierte das Fest an seinem Hof. Der Dichter Kallimachos berichtet von einem Athener, der die Anthesterien sogar in Ägypten feierte.

Rom

Die Römer sind dafür bekannt, dass sie für Recht und Ordnung sorgten. So war es auch beim Kalender. Zunächst feierten sie am 1. März Neujahr (daher trägt unser Dezember noch seinen Namen: er war der 10. Monat des altrömischen Kalenders). Julius Caesar führte dann um 46 v. Chr. einen neuen Kalender ein. Darauf bezieht sich im Großen und Ganzen unser heutiger Kalender. Wir sprechen vom Julianischen Kalender und feiern am 1. Januar Neujahr. Das Jahr erhielt 12 Monate zu 30 bzw. 31 Tagen, und die Schaltjahrregelung wurde eingeführt. Vor Caesar hatte das Jahr 355 Tage.

Der Inbegriff „karnevalistischen“ Treibens im alten Rom waren die Saturnalien, die zur Zeit der Wintersonnenwende im Dezember gefeiert wurden. Hedwig Kenner ist der Überzeugung, dass es sich hier „wohl unbestritten“ um ein Neujahrsfest handelt. So möchte sie bei der Erklärung des Festes „größeres Gewicht auf den Jahreseinschnitt, ... als auf die bäuerliche Ausrichtung nach Ernte und Aussaat“ legen.[36]

James George Frazer geht in seinem Buch „Mensch, Gott und Unsterblichkeit“ auf Berichte über alte Saturnalienfeste ein. Er meint, dass „Feste von der Art der Saturnalien, die durch eine Umkehrung der gesellschaftlichen Klassen und das Opfer eines Mannes in der Eigenschaft eines Gottes gekennzeichnet sind, zur gleichen Zeit überall in der Alten Welt von Italien bis Babylonien abgehalten wurden.“[37]

Er ist der Auffassung, dass in „Alten Zeiten“ kleine Gemeinwesen von einem heiligen oder göttlichen König regiert wurden, dessen Amtszeit lediglich auf ein Jahr beschränkt war. Nach Ablauf dieser Zeit wurde er getötet. „Aber mit der Zeit erreichte er es durch Gewalt oder Schlauheit, seine Herrschaft zu verlängern und sich manchmal einen Vertreter zu beschaffen, der, nachdem er eine kurze Zeit und mehr oder weniger nur dem Namen nach die Krone inne hatte, an seiner Statt erschlagen wurde. ... noch später verlangte das Wachstum eines menschlichen Gefühls, dass das Opfer immer ein verurteilter Verbrecher sein musste.“[38]

Frazer geht davon aus, dass, als dieser Verbrecher oder Ersatzkönig durch eine Puppe ersetzt wurde, die Menschen den Ursprung ihres Tuns nicht mehr gekannt haben. „Die Gestalten des ... Karneval und des Winters oder Todes, die alljährlich von Juden, Katholiken ... im Frühling vernichtet werden oder vernichtet zu werden pflegten, scheinen sämtlich in gerader Linie von jenen menschlichen Verkörperungen der Naturkräfte abzustammen, deren Leben oder Tod für das Wohl der Menschheit für ausschlaggebend erachtet wurde.“[39]

Für Frazer sind die Feste des Karnevals wie auch seine babylonischen und italischen[40] Urbilder, nämlich die Sacaeischen Feste („des asia-

---

[36] Kenner, H.: Verkehrte Welt, a.a.O., S. 90
[37] Frazer, James George: Mensch, Gott und Unsterblichkeit, Leipzig 1932, S. 237
[38] ebd., S. 238
[39] ebd.
[40] Frazer spricht zwar von „italienisch“, aber diesen Begriff gab es in der Antike

tischen Gegenstückes zu den Saturnalien“) und die Saturnalien, durch tausend Spekulationen verwandelt und entstellt worden.[41] Inoffiziell sind die Saturnalien auch für Frazer „eine Art Karneval“.[42]

Die Saturnalien wurden ursprünglich am 17. Dezember gefeiert, also im frühen Winter, wenn die Feldarbeit beendet war. Es war das fröhlichste Fest des Jahres und gekennzeichnet durch Vergnügen, Wohlwollen, Freizügigkeit, Geschenke und brennende Kerzen. Seine Elemente finden wir teils in unserem Weihnachtsfest wieder, teils im Karneval.

Unter Augustus wurden die Feiern auf drei Tage verlängert, später auf sieben Tage, und zwar vom 16. – 23. Dezember. Seit dem Jahr 217 v.Chr. ist es als größtes römisches Volksfest bezeugt. Nach Livius, dem wohl bekanntesten römischen Geschichtsschreiber, traf der Senat damals drei Maßnahmen: ein *lectisternium* (Götterbewirtung), ein *convivium publicum* (öffentliches Gastmahl) und „ein Karneval *diem ac noctem* für alle, auch die Sklaven“.[43]

Das Fest war, wie der Name sagt, dem Saturn geweiht, der dem griechischen Kronos entspricht. In der 4. Ekloge des römischen Dichters Vergil beschreibt dieser ein goldenes Zeitalter, in dem Saturn, der älteste der Götter, über eine klassenlose Menschheit herrschte, die in ständigem Glück und Überfluss lebte. Es ist also anzunehmen, dass das Fest der Saturnalien dieses goldene Zeitalter, die aetas aurea, nachahmen sollte.

Das Fest begann mit rituellen Bädern, die man in der Morgenfrühe nahm, wobei Männer und Frauen gemeinsam das Bad aufsuchten.[44] Die offiziellen Feiern wurden, wie schon erwähnt, mit einem Lectisternium, einer Bewirtung der Götter, und einem Opfer im Tempel des

---

noch nicht.

[41] Frazer, J. G.: Mensch, Gott und Unsterblichkeit, a.a.O., S. 238

[42] ebd., S. 235

[43] Der Kleine Pauly, Bd. 4, S. 1569

[44] Guyot, Peter/Klein, Richard (Hrsg.): Das frühe Christentum bis zum Ende der Verfolgungen, Eine Dokumentation, Bd. 2, Darmstadt 1997, S. 304

Saturn eingeleitet. Die Menschen der Antike glaubten, dass die Götter persönlich in ihren Tempeln anwesend waren. Also mussten sie auch „versorgt" werden. Die Kosten wurden vom Staat, bestimmten Gruppen oder durch Sammlungen gedeckt.

Anschließend fand ein Festmahl statt, zu dem jedermann Zutritt hatte. Alle Arbeit ruhte, nicht nur die öffentliche, auch die für die Sklaven. Die Kinder hatten weder Schulunterricht noch mussten sie in den Palästren an Leibesübungen teilnehmen. Die Richter und Henker hat-ten frei. Ein eventueller Kriegsbeginn hatte zu warten.[45]

Man trug festliche Kleidung, nämlich die Toga, und eine weiche runde Filzkappe, den sog. Pilleus libertatis, der als „Freiheitshut" galt. Nur an diesen Tagen im Jahr waren Glücksspiele in der Öffentlichkeit erlaubt. Darstellungen von Sklaven mit Würfelbecher und Würfel in der Hand bezeugen das Fest der Saturnalien.

Der römische Dichter Martial (um 40-103/104) berichtet in einem Epigramm über das Saturnalienfest und beschreibt, wie ungehemmt dabei gefeiert werden durfte:

> In der lustigen Zeit zum Saturnalienfest,
> Wenn der Becher zum Würfeln herrscht, erlaubt ihr,
> Hoff' ich, Römer mit Hüten, dass ich Verse
> Dichten darf, welche nicht gerade ernst sind.
> Wohl, ihr lächelt: Es ist erlaubt; ich wag' es! ...
> Knabe, schenke mir Wein ein, recht viel Wein ein,
> Wie Pythagoras ihn dem Nero reichte! ...
> Nüchtern kann ich nicht dichten; wenn ich trinke,
> Fühl' ich fünfzehn Poeten in mir rasen! –
> Und nun küsse mich, wie Katullus küsste!
> Hast so oft mich geküsst, wie er gezählt hat,
> Dann bekommst du von mir auch seinen Sperling![46]

---

[45] Plinius, epist. 8.7.1

[46] Martial: Epigramme, Eingeleitet und im antiken Versmass übertragen von Rudolf Helm, Zürich 1957. S. 193

Zum offiziellen Programm gehörten auch Gladiatorenkämpfe. Tag und Nacht hallte der Ruf „io Saturnalia" durch die Stadt. An den öffentlichen Feiern konnten alle teilnehmen – nur die Frauen nicht. Deshalb waren die privaten Feiern von größerer Bedeutung. Denn hier nahmen wirklich alle teil: Männer und Frauen, Herren und Diener, Erwachsene und Kinder.

Ausgedehnte Gelage und vor allem exzessives Trinken waren sowohl für die öffentlichen wie für die privaten Feiern charakteristisch. Cato (95-46), „ein Mann von unbeugsamen, stoischen Grundsätzen und von unbestechlicher Rechtschaffenheit",[47] empfahl, jedem Sklaven eine Sonderration von drei Litern Wein zuzuteilen.[48] Dass dies zu Ausgelassenheit und sexueller Freizügigkeit führte, blieb nicht aus.

Auffallendstes Merkmal dieser Tage war die Sklavenfreiheit, denn die Sklaven mussten nicht nur nicht arbeiten, sie durften auch mit ihren Herren an einem Tisch sitzen und speisen und durften sogar verlangen, von ihnen bedient zu werden. Ebenso konnten sie im privaten Kreis scherzhaft Rechtsprechung spielen, also jenes Amt übernehmen, das sonst dem Pater familias vorbehalten war.

Die Verkehrung der normalen Verhältnisse zeigte sich auch in der Narrenfreiheit, die in allen Häusern herrschte. Jeder konnte jedem die größte Beschimpfung und die gröbste Wahrheit ins Gesicht sagen, ohne Angst vor Strafe haben zu müssen. Außerdem tauschte jeder mit jedem Geschenke aus.

Höhepunkt der häuslichen Feiern, bei denen die lockere Synthesis, eine Art Hauskleid getragen wurde und nicht etwa ein Festgewand, war die Wahl eines Saturnalienkönigs. Dieser wurde durch das Los bestimmt und herrschte dann uneingeschränkt über die Hausgemeinschaft. Die „Befehle" an die Familie konnten recht unterschiedlich

---

[47] Reclams Lexikon der Antike, S. 133

[48] Cato, agr. 57

sein: ein Lied singen, nackt tanzen, etwas Schimpfliches über sich selbst sagen, eine Flötenspielerin dreimal durchs Haus tragen, etc.[49]

Seneca meinte, dass die Vorfahren es so eingerichtet hätten, dass jedes Privathaus an den Saturnalien wie ein winziger Staat organisiert sei, da die Sklaven Ämter bekleiden und über Mitsklaven und Herren zu Gericht sitzen durften.[50] Für Michail Bachtin ist der Saturnalienkönig der Inbegriff karnevalesker Ambivalenz durch den raschen Wechsel von Erhöhung und Machtverlust. In diesem Brauch drücke sich „die fröhliche Relativität einer jeden Ordnung, Gewalt und Hierarchie" aus.[51]

Tacitus berichtet in seinen Annalen, dass auch Kaiser Nero einmal zum Saturnalienkönig gewählt worden war. Wie es Brauch war, befahl er dieses und jenes, aber nichts Beschämendes. Doch hasste er seinen Bruder Britannicus. Da er sich seine Verspottung erhoffte, befahl er ihm, „aufzustehen und in die Mitte zu treten und einen Gesang anzustimmen". Denn dem damals 14-jährigen Knaben waren „selbst nüchterne Gelage, geschweige trunkene unbekannt". Doch Britannicus sang ruhig ein Lied, in dem er zu verstehen gab, „dass er vom väterlichen Sitze und der höchsten Gewalt verdrängt worden" war. Dadurch wurde das Mitleid der Umstehenden geweckt, was den Hass des Nero noch steigerte.[52]

Schon damals erkannten die Menschen, dass diese Feiern ein menschliches Bedürfnis waren. Deshalb wurden sie von höchster Stelle als Ventil gegen Unruhen und sich anbahnende Revolten gefördert. Bei solchen Festen, bei denen allen Begierden freien Lauf gelassen werden konnten und alle Ordnung durcheinandergeriet, verpuffte eine Menge Energie.

---

[49] Kenner, H.: Verkehrte Welt, a.a.O., S. 88 ff

[50] Seneca, epist. 47.14

[51] Bachtin, Michail: Literatur und Karneval, Zur Romantheorie und Lachkultur, München 1969, S. 51

[52] Tacitus: Annalen, 13.15

Lukian (um 115-180) schreibt in seinen Saturnalienbriefen, dass sich die Menschen die Verkehrte Welt bei den Saturnalienfeiern eher als Dauerzustand wünschten. In seinem Brief spricht er zu Saturn bzw. Kronos: „Das ist es, lieber Kronos, was mich am allermeisten verdrießt, ja wir finden es ganz unerträglich, dass der eine nichts zu tun haben soll, als auf Purpurbetten ausgestreckt die langsame Verdauung einer allzureichen Mahlzeit abzuwarten, sich Komplimente über sein Glück machen zu lassen und alle Tage im Jahr Feiertag zu haben, während uns andre im Traum sogar die Frage beschäftigt, wo die vier Obolen herkommen sollen, um uns am nächsten Tag mit einem Magen voll trockenen Brotes oder Gerstenbreies und einer Handvoll Kresse oder Aschlauchs oder ein paar Zwiebeln zum Beigericht wieder schlafen zu legen. Erst dann, o Kronos, wenn du hier reformiert und Wandel geschaffen hast, wird man sagen können, du habest das Leben wieder zum Leben und dein Fest wieder zum Fest gemacht.“[53]

Schon damals gab es jedoch auch Karnevalsmuffel. Zu ihnen gehörte Plinius d. J. (61/62-113), der durch seine zahlreichen Briefe bekannt ist. Er ließ sich einen schalldichten Raum bauen, damit er während der Saturnalien nicht vom fröhlichen Treiben der Menge gestört wurde. Seinem Freund Gallus beschreibt er in einem Brief sein Landhaus mit seinem Gartenhaus: „Wenn ich mich in dieses Gartenhaus zurückgezogen habe, glaube ich, gar nicht mehr in meinem Landhaus zu sein, und habe vor allem an den Saturnalien große Freude an ihm, wenn der Rest des Hauses von der Ausgelassenheit dieser Tage und fröhlichem Geschrei ertönt; denn dann störe weder ich die Lustbarkeit meiner Leute noch sie meine Studien.“[54]

Neben diesem Karneval für Männer gab es schon in der Antike etwas Ähnliches für Frauen. Am altrömischen Neujahrstag, nämlich am 1., den Kalenden des März, wurden die Matronalia gefeiert. Es war dies ein Fest der verheirateten Frauen zu Ehren der Juno Lucina (etymologisch: die die Kinder ans Licht bringt), der Geburtsgöttin. Des-

---

[53] Lukian: epist. Saturn. 21

[54] Plinius: Sämtliche Briefe, 2,17

halb wurde der Tag auch *feminae kalendae* genannt. Nur mit gelösten Knoten in Haar und Kleidung durfte man zu ihr beten.

Martial nannte dieses Fest die „Saturnalia der Frauen“. An diesem 1. März erhielten die Frauen Geschenke von ihren Ehemännern, wie andererseits die Frauen ihre Dienerinnen beschenkten so wie die Männer das an den Saturnalien mit ihren Sklaven taten. Ebenso wurde den Sklavinnen ein Festmahl von ihrer Herrin ausgerichtet.

Noch im 4. und 5. Jh. wurden die Saturnalien im römischen Reich gefeiert, ein Beweis dafür, dass Karneval so leicht nicht zu töten ist. Mit dem Jahr 381 beginnt die Vertreibung der antiken Götter von dieser Erde. Kaiser Theodosius machte ihnen per Edikt den Garaus. Karnevaleske Feiern mussten also nach einem neuen geeigneten Termin suchen und fanden ihn in den Neujahrsfeiern. Hier lebten die antiken Bräuche weiter.

Die Geschichte des Karnevals in christlicher Zeit

Mit der Zeitenwende und dem Aufkommen des Christentums wurde zunächst alles anders, d.h. nur für die Christen, denn die Masse blieb erst einmal „heidnisch“. Die ersten Christen lebten in der Erwartung der baldigen Wiederkehr des Herrn. Wir dürfen nicht vergessen, dass die Gläubigen bei den frühchristlichen Agape-Feiern noch beteten: „vergehen möge diese Welt“ (Did. 10,5) und Ignatius von Antiochia „leidenschaftlich verliebt in das Sterben“ war. Als das erwartete Ende der Welt nicht eintrat, mussten die Christen sich in der Welt einrichten. Doch waren Feste, fröhliches Treiben und Ausgelassenheit der Kirche ein Dorn im Auge.

Schon Clemens von Alexandrien (um 150 – 211/216) schreibt in seinem Paidagogos, einer Einweisung in die christliche Lebensführung: „Wenn man sich viel abgibt mit Flöten, Saiteninstrumenten, Reigen, Tänzen, ägyptischen Klappern und derlei ungehörigen Leichtfertigkeiten, dann kommt bald starke Unsitte und Ungezogenheit, man lärmt mit Zimbel und Tympanum, man rast mit den Instrumenten des

Wahnkultes; die Panflöte wollen wir den Hirten lassen, die Flöte aber den abergläubischen Menschen, die zum Dienste der Götzen eilen; ganz und gar wollen wir diese Instrumente von unserem nüchternen Mahle verbannen."[55]

Sein Schüler Origenes stellte fest: „Ein Fest feiert in Wahrheit, wer seine Pflicht erfüllt, immer betet und beständig in den an die Gottheit gerichteten Gebeten unblutige Opfer bringt. ... Man schaue nun wieder mit Bezug auf das über unsere Feste Gesagte, ob diese, wenn sie mit den öffentlichen Festen ... der Heiden verglichen werden, nicht weit ehrwürdiger sind als die öffentlichen Feste, bei denen das Verlangen des Fleisches sein frevelhaftes Fest feiert, indem es sich der Trunkenheit und sexuellen Ausschweifungen zuwendet." (Gegen Celsus VIII 21-23)

Tertullian (um 160 – 225), dieser rigoristische Streiter für die Kirche, polemisierte gegen alle Christen, die an den Volksfesten teilnahmen. Er wetterte gegen „den götzendienerischen Ursprung der Spiele, ihre Schamlosigkeit und ihr tödliches Gift."[56] Auf der Synode von Elvira (um 303) finden sich zwar äußerst viele Tadel gegen Unzuchtssünden, verurteilt werden jedoch nur die Würfelspieler (Kan. 79).

Doch zum menschlichen Leben gehören Feste, Musik und Tanz und wenigstens einmal im Jahr so etwas wie eine Verkehrte Welt. Und so ist es nicht verwunderlich, dass auch Christen zunächst – wohl in Ermanglung eines anderen Festes – die Saturnalien mitfeierten. Was auch Carl Clemen bestätigt: „Vor allem aber haben die Saturnalien in anderer Weise viel deutlicher auf die christliche Bevölkerung eingewirkt. Wir wissen zunächst aus den Klagen der Kirchenväter und später christlicher Schriftsteller, dass das heidnische Fest auch von den Christen mit- oder weitergefeiert wurde, und finden dann bis zum sechzehnten Jahrhundert, ja hie und da noch später, in der Kirche

---

[55] Paidagogos, II, 4

[56] Ehrhard, Albert: Urkirche und Frühkatholizismus, Köln 1951, S. 249

selbst das Narrenfest, das wohl sicher auf die Saturnalien zurückging.“[57]

In der späten Kaiserzeit wurde dieses Fest jedoch nach und nach von der Feier der Kalendae Ianuariae, dem Neujahrsfest am 1. Januar, verdrängt, das die meisten Bräuche übernahm.

Kalenden des Januar und des März - Neujahr

Die Kalenden des Januar waren der erste Tag des neuen Jahres. Und er wurde schon vor der Kalenderreform Caesars neben dem März als solcher gefeiert. Da dieser Neujahrstag und die Zeit der Saturnalien dicht bei einander lagen, ist es nicht verwunderlich, dass mit zunehmender Christianisierung das „heidnische“ Saturnalienfest aufgegeben, die Art des Feierns aber am Neujahrstag „nachgeholt“ wurde.

Zwischen dem ersten und vierten nachchristlichen Jahrhundert weiteten sich die Feiern zum neuen Jahr immer mehr aus. In der zweiten Hälfte des 4. Jh. verstand man unter dem Namen Kalendae Ianuariae eine Festperiode von fünf Tagen. Dazu kam noch der Vorabend, nämlich des Silvestertages. Im 4. Jh. war dieser Prozess abgeschlossen.[58] Kein Fest der Antike hat eine solch große Wirkung bis in die Gegenwart gezeigt wie das der Kalenden des Januar.

Bei der römischen Zeitrechnung werden die Monate nach Kalenden, Nonen und den Iden unterteilt. Der erste Tag des Monats hieß Kalendae – Rufetag (von calare – verkünden, ausrufen). Der Tag des ersten Monatsviertels wurde Nonae genannt, der Tag des Vollmonds waren die Iden.[59] Der erste Monat des neuen Jahres war Janus, dem Öffner, geweiht, der damit zum Gott des Beginnens wird. Man fleht ihn um Glück und Gedeihen an. Janus trägt die Beinamen *ianitor* und

---

[57] Clemen, C.: Der Ursprung des Karnevals, a.a.O., S. 141

[58] Der Kleine Pauly, Bd. 3, S. 58

[59] Publius Ovidius Naso: Fasti, Festkalender Roms, Lateinisch-deutsch ed. Wolfgang Gerlach, München1960, S. 373

claviger, Pförtner und Schlüsselträger, Beinamen, die später auf Petrus übertragen werden.[60]

Wichtig waren an diesen Festtagen auch die Omina, die Zeichen (unser Bleigießen in der Silvesternacht sucht ebenfalls nach glückbringenden Vorzeichen), die Glück oder Unglück für die Zukunft verhießen. So galten auch die Geschenke als Omen: Süßigkeiten für die Annehmlichkeiten und Geldgeschenke für den Wohlstand im neuen Jahr. Am Vorabend begannen die Gelage, am 1. Januar wurden die Geschenke getauscht. Höhepunkt des Tages war eine glanzvolle Militärparade. Am 2. Januar galt die gesellschaftliche Gleichheit, Herren und Sklaven saßen bei Trank und Würfelspielen zusammen. Der 3. Januar gehörte dem *votorum nuncupatio* (den Glückwünschen an den Kaiser).[61]

Am gleichen Tag begannen die Compitalia, ein römisches Fest, das ebenfalls in den Neujahrsfeiern aufgegangen ist. Auch an diesem Fest durften die Sklaven teilnehmen und sich große Freiheiten erlauben. Es gab Maskenumzüge und einen Saturnalien- bzw. Narrenkönig, so dass wir immer wieder an Karneval erinnert werden.

In dem umfangreichen Gesamtwerk des griechischen Rhetors Libanios (314 - um 393) aus dem syrischen Antiochia findet sich die Beschreibung eines Neujahrsfestes in seiner neuen Heimatstadt. Wir erfahren, dass am letzten Tag des Jahres Geschenke ausgetauscht wurden, und zwar nicht nur zwischen den Reichen, sondern diese beschenkten auch die Armen und umgekehrt. Geld geben durfte man auch den Dienern der höchsten Beamten, was nicht als Bestechung angesehen wurde. Niemand ging schlafen. Die ganze Nacht hindurch wurde gesungen, getanzt und Witze gemacht. Am eigentlichen Neujahrstag wurde im Haus gefeiert. Da an diesem Tag die gesellschaftliche Ordnung aufgehoben war, würfelten die Sklaven mit ihren Herren und die Schüler hatten keine Angst vor ihren Lehrern und Er-

---

[60] Schneider, Fedor: Kalendae Ianuariae und Martiae im Mittelalter, in: ARW, 20. Band, Leipzig und Berlin 1920-1921, S. 82-134 und S. 360-410, S. 86

[61] Der Kleine Pauly, Bd. 3, S. 57 ff

ziehern. Wie bei den Saturnalien standen die sonst Unterdrückten im Mittelpunkt des Festes.[62]

Aus den Äußerungen der frühen Verteidiger des Christentums, wie des Athenagoras oder Theophilus von Antiochia, können wir entnehmen, dass sich die Christen in den ersten zwei Jahrhunderten „der ständigen Gefahr aus den öffentlichen Volksbelustigungen" im allgemeinen fernhielten.[63] Schließlich hatte schon Paulus prophezeit: „Tage beobachtet ihr und Neumonde und Festzeiten und Neujahrstage. Ich fürchte für euch, dass ich am Ende vergeblich an euch gearbeitet habe." (Gal. 4,9-10)

Seit dem 3. Jh. aber nahmen auch die Christen an „heidnischen" Festen teil, „trotz aller Verbote von Bischöfen und Synoden".[64] Glücklicherweise gerieten Bischöfe und andere Kirchenmänner in große Erregung, wenn ihre Gemeindemitglieder an diesen Festen teilnahmen. Fast eintausend Jahre lang haben sie durch Anklagen, Verurteilungen und Verbote auf sich aufmerksam gemacht. Wer anklagt, beschreibt den Tatbestand. Daher ist ein ziemlich genaues Bild auf uns gekommen, was sich bei Neujahrsfeiern tat und wie sich Verkehrte Welt darbot.

Alle „Oberen" kämpften vergeblich gegen dieses heidnische Teufelswerk an, besonders Kirchenväter und Bischöfe. Augustinus polemisierte schon bei Theateraufführungen, in denen es um die Vereinigung und Trennung liebender Paare ging, dass das Theater eine Schule der Unzucht sei, eine Schande für eine christliche Stadt und eine ständige Gelegenheit zur Prostitution. (serm. 198.3)

Die Ausführungen von Augustinus werden eher verständlich, wenn wir seine Texte weiterverfolgen. Er berichtet nämlich, dass die Kirchen in seiner Heimatstadt Hippo fast leer blieben, wenn es zur gleichen Zeit Theateraufführungen gab. Von staatlicher Seite wurde des-

---

[62] Libanios Or. 9.9 f (ed. R. Foerster I, S. 395)
[63] Ehrhard, A.: Urkirche und Frühkatholizismus, a.a.O., S. 248
[64] RGG, Bd. 4, S. 1307

halb etwa ab 400 eine Verfügung erlassen, dass an kirchlichen Feiertagen keine Spiele abgehalten werden durften. Doch hielt sich niemand an das Verbot, so dass es des Öfteren wiederholt werden musste.[65]

Die Feiern zur Jahreswende boten genügend Anlass zur Kritik. Weibermasken und andere Maskeraden, wilde Tänze und schmutzige Lieder verwirrten Augen und Ohren der Kirchenmänner und ihrer Schäfchen. Männer und Frauen in bunter Reihe waren ihrer Sinne nicht mehr mächtig, von Wein berauscht, ein rasender Haufen, der einen Höllenlärm veranstaltete. Doch wurden nicht nur die Kalenden des Januar so gefeiert sondern auch die des März. Und wir wissen selbst, dass es nicht so leicht ist, Feiertage abzuschaffen.

Beide Feste glichen sich sehr. Die Römer hatte das nie gestört, und mit der Zeiteinteilung nahm man es nicht so genau. Der Einwand der Geistlichkeit, dass die Kalendenfeste eine von Menschen erfundene Einrichtung sei, die der Verehrung der Dämonen diene, stieß dabei auf taube Ohren.[66]

Interessant ist in diesem Zusammenhang, dass die Kirche sich Jahrhunderte lang nicht auf einen einheitlichen Jahresbeginn einigen konnte. Die alten Römer hatten den 1. Januar zum ersten Tag des neuen Jahres gemacht, und damit war dieser Tag heidnisch besetzt. Noch in der Kirche des Mittelalters gab es sechs verschiedene Tage, an denen die Christen ihr Neujahr feierten. Diese Tage waren der 1.1., der 1. oder 25.3., Ostern, der 1.9. oder Weihnachten. Auch die Zählung der Jahre machte Schwierigkeiten. Noch im frühen Mittelalter kommt gelegentlich „eine Zählung ab urbe condita (sc. der Gründung Roms 753 v. Chr.) vor“.[67]

Beda der Ehrwürdige hatte zwar 731 in seiner „Kirchengeschichte des englischen Volkes“ an einigen Stellen begonnen, rückwärts zu zählen und die Ereignisse der Geschichte *ante vero Incarnationis Dominicae*

---

[65] Guyot, P./Klein, R.: Das frühe Christentum, a.a.O., S. 300

[66] Harmening, D.: Superstitio, a.a.O., S. 122

[67] RGG, Bd. 1, S. 1814

tempus (vor der Zeit der Menschwerdung des Herrn) festzumachen. Aber erst 1292 tauchen in den „Flores Temporum“ rückwärtsgewandte Datierungen auf. Der unbekannte schwäbische Autor dieser Abhandlung verwendete erstmals „die retrospektive Zeitrechnung“, nämlich in vor und nach Christus. Doch erst nach Gutenbergs Erfindung des Buchdrucks wurde diese neue Zeitrechnung wirklich populär. Das wiederum verdankte sie der endgültigen Einsetzung der indoarabischen Zahlen und dem Zauber der Null.[68]

Das Interessanteste an dieser Geschichte ist die Tatsache, dass das Jahr 1000 nicht stattfand, jedenfalls nicht so, wie es in zahllosen Geschichten und Legenden herumgeistert. José Ortega y Gasset hat dies 1904 in seiner Dissertation „Die Schrecken des Jahres eintausend, Kritik an einer Legende“ herausgearbeitet und festgestellt, dass die apokalyptischen Ängste und die Weltuntergangsstimmung, die am 31. Dezember 999 geherrscht haben sollen, schlicht und einfach „vollständig unwahr“ sind.[69]

Der 1. Januar als Neujahrstag blieb zwar immer in Gebrauch, aber die Kirche hätte ihn gerne übergangen. Der 1. März war dagegen wegen seiner Nähe zu Ostern sehr beliebt, aber auch er war ja heidnisch besetzt. In Venedig war er allerdings noch bis zum Jahr 1797, dem Ende der venezianischen Republik, in Gebrauch. Der Ostertermin setzte sich nicht durch, weil er zu unpraktisch war. Für die kaiserliche Kanzlei in Deutschland (d.h. im Heiligen Römischen Reich Deutscher Nation) war der Weihnachtsbeginn noch bis ins 16. Jh. hinein der Neujahrstag. Der 25. März (9 Monate vor Weihnachten) galt in der Trierer Gegend als amtlicher Jahresbeginn und blieb es in England bis 1752. Der 1.9. war seit dem 7. Jh. der Neujahrstag im byzantinischen Reich, in Russland und auf dem Balkan.[70]

Wie schwer die Kirche sich mit der Zeit tat, zeigt die Tatsache, dass noch 1616 „der allerdurchlauchtigste Kardinal (Bellarmin) den be-

68 Tausend Jahre Abendland, die großen Umbrüche, Frankfurt a.M. 1999, S. 23

69 Ortega y Gasset, José : Die Schrecken des Jahres eintausend, Kritik an einer Legende, Leipzig 1992, S. 5

70 RGG, Bd. 1, S. 1815

sagten Galilei (unterrichtete), dass seine oben erwähnte Meinung (dass nämlich die Sonne Mittelpunkt des damals erschließbaren Kosmos und zudem unbeweglich sei, die Erde sich aber bewege) irrig sei und er von ihr Abstand zu nehmen habe."[71] Endgültig wird der Jahresbeginn erst 1691 von Innozenz XII. auf den ersten Januar festgeschrieben.[72] Aber siehe Venedig: die Stimme des Papstes wird nicht immer und überall gehört.

In den ersten tausend Jahren der christlichen Zeit hören wir aus den Protestreden und –schreiben christlicher Eiferer immer wieder von den Neujahrsfeiern, an denen die heidnischen Götter verehrt wurden. Wie ein roter Faden ziehen sich Proteste, Verbote und ihre Nichtbeachtung durch die christliche Literatur. Immer wieder sehen wir: die Feier der Verkehrten Welt ist unausrottbar.

So berichtet Petrus, genannt Chrysologus, Erzbischof von Ravenna (gest. um 450), von einem Maskenumzug mit Göttermasken an den Kalendae Ianuariae. Er spricht von einer *tota daemonum pompa,* einem großen Festzug der Dämonen. Dargestellt wurden die Götter Saturn, Jupiter, Herkules und Diana mit ihrem Jagdgefolge sowie Volkanus. Der Zug wurde begleitet von Menschen in widernatürlicher Verkleidung, was bedeutete, dass die Männer Frauenkleidung trugen und umgekehrt.[73]

Der Geschlechtertausch erinnerte einerseits zu sehr an Homosexualität, die schon im Alten Testament als todeswürdig galt. Andererseits mussten die Kleriker nur auf das 5. Buch Mose verweisen, um ihn zu verbieten. Denn da heißt es: „Das Weib soll nicht Männertracht tragen und ein Mann soll nicht Frauenkleider anziehen; denn ein Greuel ist dem Herrn, deinem Gott ein jeder, der solches tut." (22,5) Solch eine Verkehrte Welt bzw. jede Art der Verkleidung schändete das Men-

---

[71] Karsten, Arne, Reinhardt, Volker: Kardinäle, Künstler, Kurtisanen, Wahre Geschichten aus dem päpstlichen Rom, Darmstadt 2004, S. 144

[72] Kraus, J.: Metamorphosen des Chaos, a.a.O., S. 161

[73] Harmening, Dieter: Superstitio, Überlieferungs- und theoriegeschichtliche Untersuchungen zur kirchlich-theologischen Aberglaubensliteratur des Mittelalters, Berlin 1979, S. 141

schenbild und war deshalb eine Gotteslästerung, da die Menschen Gottes Ebenbild sind.

Und so wettert Petrus weiter: „Doch es mag jemand einwenden: es soll dies keine Gotteslästerung sein, es ist nur lustige Tollerei! Es ist dies nur der Ausdruck der Freude über die neue Zeit, nicht soll es sein das Werk des alten Wahnglaubens! Es ist ja die Absicht, den Jahresanfang zu feiern, nicht eine anstößige Handlung des Heidenglaubens! Mensch du täuschst dich! Das sind keine Scherze, sondern Verbrechen!“[74]

Auch Cäsarius von Arles (um 470 – 542), zunächst Abt eines Klosters und dann ab 502 Bischof von Arles, der berühmteste Vorkämpfer gegen das Heidentum Galliens[75], wetterte gegen Vergnügungssucht, schändliche Lieder und Spiele. In seiner Predigt gegen abergläubische Neujahrsbräuche (Homilie 130) prangert er wiederum den Geschlechtertausch und die Maskenumzüge an und meint: „Was kann unsinniger sein, als das männliche Geschlecht zu verleugnen, indem man durch schimpfliche Verkleidung die Gestalt des Weibes nachahmt? Was ist schändlicher, als sein Angesicht zu verunstalten, und sich ein Aussehen zu geben, vor dem sogar die Dämonen erschrecken? ... Wer also zu Neujahr in irgend einer Weise solchen elenden Menschen eine Vergünstigung zuteil werden lässt, die nach gotteslästerlichem Brauch mehr rasen als spielen, der möge wissen, dass er mehr Dämonen als Menschen begünstigt. Wenn ihr deshalb nicht an ihren Sünden Teil haben wollt, so lasst nicht zu, dass ein ‚Hirsch’, eine ‚Kuh’, oder dergleichen abenteuerliche Scheusale vor eure Türen kommen, sondern tadelt und scheltet solches vielmehr, und wenn es euch möglich ist, zerstört den ganzen Spuk.“[76]

Der Text zeigt, dass hier zu den altrömischen Motiven wie der Verkleidung bärtiger Männer in Frauentracht, zum erstenmal auch ein einheimisch keltisches kommt, nämlich die Tiermasken.[77] In erster

---

[74] Zitiert in: Harmening, D.: Superstitio, a.a.O., S. 122
[75] Schneider, F.: Kalendae Ianuariae, a.a.O., S. 115
[76] Zitiert in: Kraus, J.: Metamorphosen des Chaos, a.a.O., S. 164 ff
[77] Schneider, F.: Kalendae Ianuariae, a.a.O., S. 91

Linie werden dabei Hirsch- und Rehmasken erwähnt, aber auch Rindviecher. Diese Maskerade wird sehr beliebt werden und fortan auch in Germanien und Spanien zu finden sein.

Martin von Braga (510/520-579), ein spanischer Bischof, formuliert auf der Synode von Laodikeia klar das Verbot der Teilnahme an jeglichem heidnischen Fest. So seien auch bei den Kalenden des Januar nicht das Gelage, die Umzüge und maskierten Gestalten als solches sündhaft, sondern der damit verbundene Glaube, man müsse diese Tage überhaupt festlich begehen.[78]

Diese Beschreibungen zeigen, dass die Saturnalien als Typus weiter ausgiebig gefeiert wurden, auch wenn die vom Staat ausgerichteten Spiele und Veranstaltungen nicht mehr existierten und die Feiern auf den Neujahrstag verlegt und beschränkt waren. Das Datum spielt bei den Menschen keine Rolle, vielmehr siegt die Sehnsucht, sich austoben zu können.

Ein Bericht über das Leben des Bischofs Samson von Dol (gestorben zwischen 557-567) zeigt, dass die Kirche versucht hat, die heidnischen Kalendenbräuche zu verchristlichen. Der Text berichtet – neben den üblichen Maskeraden und Feiern - von einem Kinderumzug zu Neujahr. Der übliche Austausch der Geschenke geschieht dabei nicht untereinander, sondern die Kleriker beschenken die Kinder mit einem Goldstück. Fedor Schneider spricht hier von der frühesten „Klerikalisierung der Kalendenbräuche".[79]

Das Verbot der Maskenumzüge, Ausschweifungen und abergläubischen Bräuche wurde auf der Synode von Tours im Jahre 567 wieder ausgesprochen, blieb aber weiter wirkungslos.[80] Die Kirche versuchte nun, den 1. Januar zu einem Buß- und Fasttag zu machen. Kanon 17 der Synode hält dazu fest: „In Anbetracht der Tatsache, daß die Tage zwischen Weihnachten und Epiphanie eine einzige Periode der Feste

---

[78] Harmening, D.: Superstitio, a.a.O., S. 125
[79] Schneider, F.: Kalendae Ianuariae, a.a.O., S. 102
[80] RGG, Bd. 4, S. 1420

sind, hat man in dieser Zeit reichlich Gelegenheit, den kulinarischen Freuden zu frönen. Um aber heidnischem Brauch vorzubeugen, haben unsere Väter beschlossen, dass man am Tag der Kalenden des Januar Litaneien (Flehgebete) und Psalmen singt und zur achten Stunde desselben Tages die Messe der Beschneidung gefeiert wird.“[81]

Wir sehen also, dass ab dem 6. Jh. aus dem Neujahrstag in Gallien das Fest der Beschneidung des Herrn wurde (in Rom dagegen ein Marienfest). Dass die Jahreswende auch für die frühe Christenheit von besonderer Bedeutung war, zeigt die Auffassung, dass „dort, wo man an die Auferstehung des Fleisches glaubt, ... diese Auferstehung am Anfang des Jahres stattfinden wird, also am Beginn einer neuen Ära.“[82] Daraus zog z. B. Ephraim der Syrer den Schluss: „Der Allmächtige erweckt die Körper ebenso wie die Seelen am Epiphaniastage (sc. am 6.1.)“. (Hymn. I.1)

Die Synode von Auxerre tagte 30 Jahre lang (573-603) und übernahm fast wörtlich die Anschuldigungen und Verbote des Cäsarius von Arles gegen die Kalendae Ianuariae. Anfang des 7. Jh. treten Bußbücher auf, die sich gegen heidnische Bräuche wenden, aber noch nicht direkt gegen Neujahrsbräuche.

Selbst im Byzantinischen Reich finden wir die karnevaleske Feier der Kalendae Ianuariae. Das Trullanum, das Konzil von Konstantinopel, von 691 erwähnt öffentliche Tänze der Weiber und Tänze im Namen der Götter, die sowohl von Männern wie von Frauen durchgeführt werden. Dabei verkleiden sich Männer in Frauen und umgekehrt, da der Geschlechtertausch erneut verboten wird. Unter das Verbot fallen auch andere Masken, wobei wohl an Göttermasken zu denken ist.[83]

Unter Pirmin (gestorben 753 oder früher), der aus dem südfränkischen Kulturkreis stammte und die Abtei Reichenau gründete, ist der Mummenschanz zu Neujahr auch in – zunächst fränkischen – Bußbüchern

---

[81] Schmitt, Jean-Claude: Heidenspaß und Höllenangst, Aberglaube im Mittelalter, Frankfurt/M./New York 1993, S. 82

[82] Eliade, M.: Kosmos und Geschichte, a.a.O., S. 76

[83] Schneider, F.: Kalendae Ianuariae, a.a.O., S. 124

zu finden, und es heißt ausdrücklich, dass Buße schuldet, der an den heidnischen Neujahrsbräuchen teilhat.

Die Klagen und Empörungen über die Feiern des Neujahrstages reißen nicht ab. Diese Lustbarkeiten und Ausschweifungen fanden sogar unter den Augen des Papstes direkt neben der Peterskirche in Rom statt, was Bischöfe in der übrigen Welt natürlich erzürnte. Wie sollten sie dem Treiben Einhalt gebieten, wenn sogar direkt in Rom solch heidnisches Brauchtum gepflegt wurde?

Der Missionsbischof Bonifatius richtete 742 ein entsprechendes Schreiben an Papst Zacharias (741-752). Dank einer gewissen Freude an der genauen Beschreibung heidnischer Bräuche erfahren wir: „Etliche ungeistliche, törichte Menschen ... glauben, wenn sie in der Nähe der Stadt Rom etwas von dem machen sehen, was wir als Sünde verbieten, es sei von den Priestern erlaubt und gestattet, und uns machen sie daraus einen Vorwurf, während sie sich selbst einer ärgerlichen Lebensweise hingeben. Zum Beispiel behaupten sie, mit angesehen zu haben, wie jedes Jahr in Rom unweit der Kirche des hl. Petrus, wenn das neue Jahr kommt, bei Tag und Nacht nach heidnischer Sitte auf den Plätzen getanzt wird und nach Heidenart Zurufe und gotteslästerliche Lieder ertönen, wie Tag und Nacht Speisen aufgetischt werden und keiner seinem Nachbarn aus seinem Haus Feuer oder ein Gerät oder sonst einen Dienst leihen will. Sie berichten auch, dass sie es erlebt hätten, dass Frauen in heidnischer Weise Amulette und Bänder an Armen und Beinen tragen und solche öffentlich als verkäuflich andern zum Kauf anboten.“[84]

Auch die Antwort des Papstes ist erhalten geblieben. Dabei verweist er auf seine bisherigen Bemühungen, dem Treiben Herr zu werden. Er zitiert die Anordnungen seines Vor-Vorgängers Gregor II. an bayerische Legaten, die gerade die Kalendenfeier bekämpfen sollten. Und Papst Zacharias unterstreicht das nochmalige Verbot, am Neujahrstag zu Hause Tische mit Lichtern und Speisen (sc. für Geister und tote

[84] Rau, Reinhold: Briefe des Bonifatius, Willibalds Leben des Bonifatius nebst einigen zeitgenössischen Dokumenten, Darmstadt 1968, S. 147

Seelen) zu bereiten sowie jedes Tanzen und Singen auf öffentlichen Plätzen und Straßen.[85]

Viele Christen richteten schärfste Kritik gegen Musik und Tanz. Vor allem letzterer wurde schlechthin zum Ausdruck heidnischer Frömmigkeit. Das Mittelalter sah darin Teufelswerk.[86] Im Jahre 743, also ein Jahr nach dem Schriftwechsel zwischen Bonifatius und dem Papst, wird auf der Synode von Rom noch einmal ausdrücklich das Verbot gegen das Neujahrsbrauchtum ausgesprochen.

Das Überleben der Feiern zum Neujahrstag beweist, wie erfolglos die Päpste und Bischöfe im Eliminieren heidnischer Bräuche waren. Deshalb versuchten sie immer wieder, heidnische Kulte und Riten in christliche umzuwandeln. Prozessionen zeigten dabei ihre Macht. Wie seinerzeit in Rom im Februar am Ende des alten Jahres der Kaiser als Pontifex Maximus versuchte, die Dämonen durch einen Fackelzug aus der Stadt zu bannen, so zog nun am 2. Februar, dem neuen Festtag, der Papst als summus pontifex in einer Lichterprozession von der gleichen Stelle, nämlich der Kurie des Senats mit dem Janusbogen, nach S. Maria Maggiore. Die deutsche Bezeichnung „Maria Lichtmeß" erinnert an dieses Geschehen.[87]

Immer wieder lässt sich jedoch beweisen, dass der Erfolg aller Verbote ausgeblieben ist. Atto von Vercelli (gestorben 961) gibt mit seiner um 925 gehaltenen Silvesterpredigt eine Bestätigung für das Weiterbestehen der Neujahrsbräuche, kommt aber zu einer eigenartigen Dämonisierung des Janus wie des Mars. Beide seien ursprünglich Menschen gewesen, und zwar böse Menschen, der eine nämlich ein Mörder und Ehebrecher und der andere so eitel, dass er sich selbst verbrannt habe. In ihre Statuen seien Dämonen eingefahren, so dass es

---

[85] Schneider, F.: Kalendae Ianuariae, a.a.O., S. 130

[86] Angenendt, Arnold: Geschichte der Religiosität im Mittelalter, Darmstadt 1997, S. 421

[87] Schimmelpfennig, Bernhard: Das Papsttum, Von der Antike bis zur Renaissance, Darmstadt 1996, S. 94

den Anschein hatte, als seien sie Götter geworden. Und deshalb seien ihnen die Monate Januar und März geweiht worden.[88]

Atto beklagt, dass vor allem die Landbevölkerung so lange an heidnischen Bräuchen festhält und auch noch die Kalenden des März als Jahresbeginn feiert.[89] Die Beschwerden über die Feiern bleiben stets die gleichen. Unermüdlich prangert er an, dass die Menschen sich in allerlei Gaukelspielen austoben. Und es seien satanische Gaukeleien, da der Satan an diesem Tag seinen Acker bestelle.[90]

Das Verbot der Feier der Kalenden war überall das gleiche: in Spanien, in Italien, in Frankreich und auch in Deutschland. Burchard von Worms (gestorben 1025) wiederholte das Kalendenverbot noch einmal per Dekret, stimmte es aber auf die zeitgenössischen deutschen Volksbräuche ab. Besondere Bedeutung galt danach der Vorausschau auf entsprechende Zeichen für das Wohl und Wehe im neuen Jahr.[91]

Ivo von Chartres, ab 1090 Bischof, kritisierte erneut die Neujahrsgelage und hielt unmäßiges, ausschweifendes Essen und Trinken für heidnische Charakteristika. Interessant dabei ist die Feststellung, dass alles Ausschweifende und Unzüchtige keine moralischen, sondern religiöse Kategorien sind, da sie die Schöpfung Gottes pervertieren.[92]

1142 erfahren wir von einem Benedikt, Chorherr von St. Peter in Rom, dass die Kalenden nach wie vor gefeiert werden, allerdings in Gestalt eines Kinderumzugs. Das fröhliche Treiben beginnt am Vorabend, also an Silvester. Ein maskierter Knabe führt eine Kinderschar an, die pfeifend und Becken schlagend von Haus zu Haus zieht und dort jeweils Gaben erhält. Dieser Umzug deutet darauf hin, dass er nur noch ein Rest der einst üblichen Feiern darstellt. Geblieben sind der Umzug selbst, die Masken, der Lärm und die Gaben.[93]

---

[88] Schneider, F.: Kalendae Ianuariae, a.a.O., S. 369
[89] Harmening, D.: Superstitio, a.a.O., S. 146
[90] ebd., S. 147
[91] Schneider, F.: Kalendae Ianuariae, a.a.O., S. 363
[92] Harmening, D.: Superstitio, a.a.O., S. 144 ff
[93] Schneider, F.: Kalendae Ianuariae, a.a.O., S. 396

Ab dem 12. Jahrhundert können wir jedoch innerhalb der Kirche eine Trendwende beobachten. Die ist sicherlich mit dem Konzil von Benevent 1091 eingeleitet worden. Auf diesem Konzil wurde die vorösterliche Fastenzeit auf 40 Tage festgelegt, wobei die Sonntage nicht mitgezählt wurden, und so am Aschermittwoch, d.h. dem Mittwoch vor dem Sonntag Invocavit, begann. Bei der alten Zählung wurden die Sonntage mitgezählt, so dass die Fastenzeit kürzer war. Wenn der Basler Morgenstraich am ersten Montag in der Fastenzeit stattfindet, so beruft er sich dabei auf diese alte Zählung der Fasttage.

Mit diesem von Rom genau festgelegten Aschermittwoch konnte die Kirche beginnen, das tolle Treiben sozusagen neu zu ordnen. Dazu gehörte, dass die Feiern in die Zeit vor der Fastenzeit verlegt wurden und damit am ehesten eine enge Beziehung zwischen Sünde und Buße hergestellt werden konnte. In die liturgische Kalenderordnung war nun die sechstätige Fastnacht zu integrieren. Der Demonstration des weltlich-kreatürlichen Lebens während der Karnevalszeit wurde mit dem Aschermittwoch der Anfang eines „übernatürlichen" Lebens entsprechend dem christlichen Glauben entgegengestellt. Die Notwendigkeit der Umkehr steht dabei im Mittelpunkt der Bräuche.[94]

Veränderungen dauern bekanntlich etwas länger, ehe sie von den Menschen akzeptiert werden. Und so finden denn auch nach dem Jahr 1091 einerseits die Neujahrsfeiern statt, daneben aber gibt es erste Berichte über Karneval bzw. über Fastnachtstreiben. Die närrischen Feiern um die Jahreswende nennen sich nun allerdings Narren- oder Eselsfeste. Sie gehen vom geistlichen Stand aus, werden in die Städte und Dörfer getragen und stehen den weltlichen Feiern an Tollheit in nichts nach.

Esels- oder Narrenfeste

Ab dem 12. Jh. sind neben den „heidnisch" gefeierten Kalenden des Januar und des März Narren- und Eselsfeste bezeugt, die ebenfalls

[94] Küster, J.: Wörterbuch der Feste und Bräuche, a.a.O., S. 22

über den Jahreswechsel hinweg begangen wurden. Doch gingen diese Feste zum Erstaunen aller von den Klerikern bzw. den Schülern aus, d.h. den Kathedralen und den Klerikerschulen. Die Feste wurden geradezu „radikal“ gefeiert, und es hat den Anschein, als hätte gerade der niedere Klerus das Narrenfest „am intensivsten betrieben“.

Diese extreme Form des Neujahrsfestes finden wir vor allem in den deutschen Landen, in Frankreich und England,[95] seltener in Italien, aber auch in Konstantinopel. Von dort stammt der älteste Beleg für das „kirchliche“ Narrenfest. Patriarch Theophylakt hatte es im 10. Jh. in seiner eigenen Kirche eingeführt. „Mehrere Jahrhunderte lang wurde es in der Kirche von Konstantinopel gelitten, dass Volk und Klerus an Weihnachten und an Epiphanie mitten im Tempel gleich vor dem Hochaltar, lautes Gelächter, Geschrei, Tänze und Possen veranstalteten.“

Die Berichte aus Frankreich sind jedoch die ausführlichsten. Die deftig-derbe Sprache verschlägt uns noch heute fast die Sprache. Es scheint, als hätten die „Kleinen“, die durch ständigen Gehorsam und Unterwerfung „Unterdrückten“, hier den Aufstand geprobt. Und es verwundert nicht, dass die Gestalt des Narren ursprünglich negativ besetzt war.

Die Menschen kannten die Psalmen sehr gut, und darin war der Narr, der Tor, der Gegenspieler Gottes, ein Lästerer, ungehorsam und unbelehrbar, mit Sünde und Blindheit geschlagen. Da heißt es z.B.: „Die Toren sprechen in ihrem Herzen: ‚Es ist kein Gott!‘ Verderbt, abscheulich handeln sie; keiner ist, der Gutes tut.“ (Ps. 14.1) Daraus ergibt sich fast selbstverständlich, dass Narren wie Teufel an gotischen Portalen unter den Füßen von Heiligen und Bischöfen zu finden sind, wie z.B. in Amiens. Diese Portale dienten schließlich der Veranschaulichung eines theologischen Programms.

---

[95] Hirschbiegel, Jan: Etrennes, Untersuchungen zum höfischen Geschenkverkehr im spätmittelalterlichen Frankreich der Zeit König Karls VI. (1380-1422), München 2003, S. 44

Im frühen Mittelalter galt der Narr als Geisteskranker, der nicht zur Verantwortung gezogen werden konnte. Gegebenenfalls wurde er mit einem Narrenstrick gebändigt. Im 15. Jh. benutzte man das Wort, um in satirischer Weise alle Zügellosigkeit als Verrücktheit zu brandmarken, eben im Karneval. Erst im Fastnachtsspiel „Von der Rechtfertigung“ von 1484 in Lübeck, gedruckt 1497, ist der Narr der eigentlich Weise. Da er unabhängig ist von allen Standesunterschieden, kann er als einziger die Wahrheit sagen und Rat geben. Er ist der Intelligente, der den Narren mimt.[96]

Das „kirchliche“ Narrenfest begann damit, dass Diakone, Priester und Chorschüler einen „Papst“ oder „Bischof“ wählten, der in mehr oder weniger parodistischer Weise den Gottesdienst leitete.[97] Zunächst war dies ein Fest der Subdiakone an Neujahr (zuweilen auch am 6. oder 11. Januar). In kurzer Zeit wurden dann die Tage des 26.12. (des hl. Stephanus) für die Diakone, des 27.12. (des Johannes) für die Priester, des 28.12. (der Unschuldigen Kinder) für die Chorschüler in Stiften und Klöstern zu Narrenfesten. Und Jacques Heers meint: „Eine außerordentlich weit verbreitete Sitte also, deren Datum stets mehr oder weniger genau mit dem der alten römischen Saturnalien zusammentrifft.“[98]

In den Kirchen fand also eine Reihe lustiger Feste statt mit außergewöhnlichen Ritualen und Tänzen. Chronisten berichten sogar, dass „die Geistlichen früherer Zeiten es sich mancherorts zum Verdienst vor Gott und den Menschen anrechneten, wenn am Tag der Geburt Unseres Herrn ..., oder am Tag der Beschneidung des Herrn (1. Januar) ... in den Kirchen getanzt wurde.“[99]

An den entsprechenden Tagen wurde der Gottesdienst von Knabenbischöfen oder Narrenpäpsten des jeweiligen Standes geleitet. Seine Standesgenossen nahmen die ersten Plätze im Chor ein. Bei dem

---

[96] Lurker, Manfred: Wörterbuch der Symbolik, a.a.O., S. 501

[97] Brück, A.: Narrenfeste, in: RGG, Bd. 4, S. 1307

[98] Heers, Jacques: Vom Mummenschanz zum Machttheater, Europäische Festkultur im Mittelalter, Frankfurt am Main 1986, S. 124

[99] ebd., S. 123

Magnificat-Vers: „Deposuit potentes in sede, et exaltavit humiles“ (er hat die Mächtigen von ihrem Sitz gestoßen und die Schwachen erhöht) wurde der neue „Herr“ gewöhnlich ein- und abgesetzt.[100]

Aus Reims wird berichtet, dass von hier eine Sitte ausging, die sich „in alle Kathedralen eingeschlichen“ habe. Dabei wurde ein sehr junger Knabe mit Mitra auf dem Kopf, Chorrock, Handschuhen, Krummstab und anderem Zubehör eines Bischofs in den Chor der Kirche geführt. Dort erteilte er allen seinen Segen. Unter unanständigen Possen und Spielen geleitete man ihn durch die Stadt. Der Bischof von Chalon-sur-Saône berichtet von diesem Brauch und verurteilt ihn zugleich. Wie so oft erweitern Verurteilungen unsere Kenntnisse.[101]

Der Knabenbischof von Le Mans erhielt Geld und Wein, um das Festessen vorbereiten zu können. Beides gehörte zu den Beständen des Kapitels. Gelegentlich wurde der Kinderbischof auch Kohlbischof genannt. Denn für sein Bankett erhielt er viele Bündel Kohl. Auch an die Chorknaben wurde bei diesem Fest reichlich Wein ausgeschenkt. Es blieb nicht aus, dass die Feier in lautes Gejohle und derben Unfug umschlug. Bis in die Mitte des 18. Jh. finden wir Klagen über dieses Fest.[102]

In einigen Gegenden Frankreichs waren „die Feste der Januar-Kalenden ... die Feste der Unschuldigen, der Kinder.“ Sie parodierten Gottesdienste, ja, sie gaben sich sogar „unehrerbietigen Vergnügungen hin“. Das Fest, das in der Kirche begann, setzte sich in der Stadt fort mit Umzügen, Tänzen, Maskeraden und Schellenkonzerten. Knaben und Mädchen gingen von Haus zu Haus „heischen“, Geld sammeln, dass sie zwar für die Kirche verwenden wollten, aber selbst brauchen konnten.[103]

Doch wie so oft, sind auch diese Feste ausgeufert. Das gesammelte Geld wurde für Gelage, Trinkerei und andere Ausschweifungen ver-

---

[100] RGG, Bd. 4, S. 1307

[101] Heers, J.: Vom Mummenschanz zum Machttheater, a.a.O., S. 195

[102] ebd., S. 205

[103] ebd., S. 153 ff.

wendet. Die Jugendlichen rotteten sich zusammen und stifteten Unruhe, stahlen, bedrohten die, die nichts geben wollten, drangen mit Gewalt in Häuser ein. In den Kirchen unterbrachen sie zelebrierende Priester mit ungebührlichen Worten, machten Faxen, äfften die Liturgie nach.

Die Kirche drückte zunächst beide Augen zu. Doch ließen Saufgelage und wilde Tänze Ehrfurcht und Anstand vermissen. Heilige Riten wurden verballhornt. Bei den maskierten Umzügen kam es zum Geschlechtertausch auch innerhalb der Geistlichkeit, d.h. sie trug weibliche Kleider oder aber kirchliche Gewänder mit der Innenseite nach außen. Im Übrigen sang sie „zotige Lieder, aß Würste auf dem Altar, würfelte zu Füßen des Heiligtums, verbrannte alte Schuhe in den Weihrauchgefäßen und hielt komische Predigten.“[104]

Die Synode von Angers erklärte 1595 diesen Brauch schließlich für verdammungswürdig. Und wie immer hören wir auch später noch „von Exzessen und geilen Tänzen, von Spottliedern und Zügellosigkeiten, die um so frevelhafter sind, als die einfachen Gemüter glauben, die Kirche hätte sie im Namen ihrer Sache als ein lobenswertes Brauchtum anerkannt.“[105]

Neben diesem Narrenfest für Kinder und Jugendliche feierten in vielen französischen Gegenden der Klerus und das „niedere“ Stadtvolk den Neujahrstag als *festum asinorum*, als Eselsfest, einer besonderen Form des *festum stultorum*, des Narrenfestes, mit einem genau festgelegten liturgischen Ritual.[106] Dieser Esel der Januar-Kalenden war jedoch kein anderer als der Esel aus der Krippe, der die hl. Familie nach Ägypten begleitet hatte.[107]

Die „Liturgie“ des Eselsfestes ist in Missalien, Ordinarien und BrevIaren genau beschrieben, jedes Lied, jeder Wechselgesang schriftlich festgehalten. Ein entsprechendes Missale aus Besançon enthält ein

---

[104] Durant, Will: Das frühe Mittelalter, München 1978, S. 535
[105] Heers, J.: Vom Mummenschanz zum Machttheater, a.a.O., S. 155
[106] Hirschbiegel, J.: Etrennes, a.a.O., S. 43
[107] Heers, J.: Vom Mummenschanz zum Machttheater, a.a.O., S. 157

Officium des 1222 verstorbenen Erzbischofs von Sens, Pierre de Corbeil, das er eigens für das Narrenfest geschrieben hat. Hier ist jede Geste peinlich genau angeführt. Die Inszenierung ist bis ins kleinste Detail durchorganisiert.

Nach einem weltlichen Freudenlied wurde ein Esel von zwei Kanonikern zum Chorpult geführt. Dann verkündete ein Vorsänger den Beginn der Messe und nannte die Namen aller, die an dem Fest teilnehmen wollten. Der Esel wurde mit einem Umhang bedeckt, manche sagen mit dem Chorrock eines Kanonikers, was aber nicht sicher ist. Ein junges Mädchen, das Maria darstellte, setzte sich mit einem Kind in den Armen auf den Rücken des Esels.

Dann wurde die in ganz Frankreich bekannte Esel-Prosa angestimmt, ein Gesang mit einem sich steigernden, immer hitziger werdenden Rhythmus. Die psalmodierende Rezitation mit Antiphon wurde mit dem Wort *évohé* bestätigt, dem Beschwörungsruf der Bacchantinnen des Dionysos („der Herr sagt *évohé,* eine Jungfrau sagt *évohé*, Mutter, ohne es zu wissen, *évohé,"* glückliche Ehefrau, *évohé* etc.)

Dem sehr langen Gottesdienst sind freie Stücke in Prosa oder in Versen beigegeben. Zwischendurch löschen Sänger und Messdiener ihren Durst. Auch der Esel bekommt zu essen und zu trinken. Am Ende der Messe wurde der Esel durch das Mittelschiff wieder hinausgeführt. Dabei begannen die Gläubigen und die Geistlichen, ihn zu umtanzen und sein Eselgeschrei nachzuahmen. Der Esel wurde noch einmal in den Chor geleitet, ehe er endgültig aus der Kirche geführt wurde und damit der volkstümliche Teil der Feier begann. Nun herrschte reine Freude und Ausgelassenheit.[108]

Bei all seiner Eigentümlichkeit war dieses Fest ein harmloses, volkstümliches Vergnügen. Und so wundert es nicht, dass wir auch Messe lesende Esel über Kirchenportalen entdecken können. Am romanischen Südportal von St. Pierre in Aulnay (Poitou/Frankreich) findet sich solch ein Esel. Ein ebenfalls in ein Messgewand gekleideter Zie-

---

[108] Heers, J.: Vom Mummenschanz zum Machttheater, a.a.O., S. 157 ff.

genbock hält ihm das Messbuch.[109] In der romanischen Plastik ist der Esel ambivalent. Einerseits ist er Symbol der Welt- und Wollust, andererseits das Symbol der Demut.[110] Letzteres trifft wohl hier zu, da der Esel aus der Krippe gemeint ist.

Doch führt ein direkter Weg vom Fest der Kinder und Unschuldigen und dem Fest des Esels zum Narrenfest des Volkes mit einer überwiegend profanen Lustbarkeit. Jacques Heers weist sehr richtig darauf hin, dass es bei diesen Narrenfesten um eine Feier der Schwachen und Unfähigen geht bzw. „um die Erhöhung der Demütigen, der kleinen Leute, der gesellschaftlich Schwachen, die ganz unten auf der sozialen und wirtschaftlichen Stufenleiter stehen – und die von vielen das ganze Jahr hindurch verspottet werden.“[111]

Die Narrenfeste wurden offenbar wiederum in sämtlichen Kathedralen gefeiert, doch ebenso in den meisten Kollegiatskirchen. Sie sind vor allem für Frankreich, Flandern und Brabant bezeugt. Und wieder wetterten die Kirchenmänner darüber und erinnerten an die Kirchenlehrer, die gepredigt hatten: „Es sind keineswegs Spiele, sondern Freveltaten. ... Wie sollte man Ruchlosigkeit ein Spiel, wie Gotteslästerung ein Vergnügen nennen? Niemand kann gefahrlos sein Spiel mit der Schlange treiben, niemand vergnügt sich ungestraft mit dem Teufel.“[112]

Die Feste waren recht einheitlich gestaltet. Es gab Bankette, Turniere und Umzüge mit satirischen Darstellungen. Im Rahmen dieser Festzyklen bildeten sich wohl schon um 1300 weltliche Vereine, zunächst aus dem Kreis der Rechtsgelehrten, dann losgelöst von jedem Berufsstand, und gründeten Geckenvereine oder Närrische oder Fröhliche Gesellschaften, die an das Fest der Chorknaben anknüpften. An ihrer Spitze stand in jeder Stadt eine andere „Persönlichkeit“, wie Liebes-

---

[109] Kiesow, Gottfried: Der teuflische Fuchs und der geduldige Esel, Wie zwei Tiere zu biblischer Ehre kamen, in: Monumente, Magazin für Denkmalkultur in Deutschland, 15. Jh., Nr. 5/6 Juni 2005, S. 50

[110] Lurker, M.: Wörterbuch der Symbole, a.a.O., S. 177

[111] Heers, J.: Vom Mummenschanz zum Machttheater, a.a.O., S. 126

[112] ebd., S. 203

fürst oder Fürst der Heiterkeit, Abt der Gehörnten, Fürst der Toren. Diese Könige oder Fürsten führten Festzüge an, umgaben sich mit einem Hofstaat, übten die Gerichtsbarkeit aus und führten Stücke auf mit dem Titel „Urteil des ungesunden Menschenverstandes" oder „Gericht der üblen Ansichten".[113]

Bei der Feier der Verkehrten Welt wurde und wird alles das getan, was im Alltag nicht erlaubt ist. So wurde das Narrenfest begünstigt von der Vorstellung, dass Narrheit, also Wahnsinn, aber auch Besessenheit, Epilepsie und jede Behinderung eine Gottesstrafe sei. Narren erkannte man an ihren Kleidern. Sie gerieten von Sinnen, galten als liebestoll, waren voll sexueller Gier. Prostituierte wurden die Närrischen genannt. Andererseits ist der Narr ein Schwacher, so dass Narrenfest und Kinderfest einander berühren.[114]

Geradezu berühmt war das Narrenfest von Dijon. Hier standen die Narren unter der Herrschaft einer „mater stultorum" oder „mère folle". Doch war diese Narrenmutter natürlich ein Mann. Zur Narrenmutter wurde derjenige erwählt, der ein gutes Aussehen hatte, ein gewandtes Benehmen und eine gute Gesinnung. Er verfügte über einen vollständigen Hofstaat und sogar über eine Schweizer Garde von fünfzig Mann. Auch die Gerichtsbarkeit war ihm unterstellt.[115]

Lediglich auf dem Banner, das hinter der Narrenmutter getragen wurde, war eine Frau sitzend abgebildet. Sie war mit einem grün-rot-gelben Narrengewand bekleidet, mit dem Narrenstab, der Marotte, in der Hand und der Narrenkappe auf dem Kopf. Aus den Falten ihres Kleides sprangen unzählige kleine Narrenkinder heraus. Auf dem Banner stand der Wahlspruch: „Stultorum infinitus est numerus" (die Zahl der Narren ist unzählig).[116]

Wie berühmt das Fest der Narrenmutter von Dijon über Jahrhunderte war, zeigt ein Bericht, der die Teilnahme von Heinrich von Bourbon,

---

[113] Heers, J.: Vom Mummenschanz zum Machttheater, a.a.O., S. 231
[114] ebd., S. 164 ff.
[115] zitiert in: Moser, D.R.: Fasching-Fastnacht-Karneval, a.a.O., S., 51
[116] ebd.

Fürst von Condé, beschreibt. Da heißt es, dass der Fürst „die Feierlichkeiten der dickarschigen und vielspaßigen Schoßkinder der Narrenmutter mit seiner Anwesenheit beehrte und die Güte hatte, inmitten der versammelten Infanterie um seine Einschreibung und Aufnahme zu ersuchen.“ Und der Bischof von Langres erklärte seine Bereitschaft, „die dreifarbige Kappe und die Marotte der weisen Narrheit zu tragen, um darin alle Gaumenfreuden, Verliebtheiten, Feinheiten, alle Kühnheiten, Genugtuungen und Erfahrungen der Zähne zu finden, die ein hübscher Zechbruder je verlangen kann.“[117]

Philip der Kühne hatte am Neujahrstag 1386 noch die Freiheit besessen, einen Narrenbischof in Tournai mit 6 fr. zu beschenken. Doch nahmen die Gegner des Festes zu, obwohl es am Ende des 14. Jh. nicht weniger als 107 Narren- und Geckenvereine gab. Die Geckengesellschaften kannten schon damals eine Infanterie, wie wir sie auch heute noch bei den Karnevalisten finden. Sie war – wie auch später - nach dem Vorbild der Bürgermilizen gegründet worden und galt als deren Parodie. Und ihre Gesandten waren „von Unserer Lieben Frau Mutter mit dicker, fetter und voller Macht über alle Narren seines Amtsbereichs ausgestattet“.[118]

Doch das Konzil von Basel verbot 1435 die Narrenfeste – wie gehabt ohne Wirkung. Der französische König ließ 1445 ein theologisches Gutachten von der Pariser Universität über die Narrenfeste anfertigen. Darin kamen die Gelehrten zu dem Schluss, dass „das Fest der Subdiakone oder der Narren ein heidnischer Überrest war, Zeichen einer verdammungswürdigen und schädlichen Verderbnis, angetan zur offensichtlichen Verachtung Gottes, der heiligen Messen und der Bischofswürde; und daß diejenigen, die es feierten, den Heiden nacheiferten, daß sie gegen die Kanones der Konzilien und die päpstlichen Dekrete verstießen; daß sie die kirchlichen Sakramente und Würden verweltlichten; daß sie Spott mit geweihten Dingen trieben, einen ver-

[117] Heers, J.: Vom Mummenschanz zum Machttheater, a.a.O., S. 234
[118] ebd., S. 236

dächtigen Glauben hätten und wie Ketzer hätten behandelt werden müssen.“[119] Daraufhin ließ der König die Narrenfeste verbieten.

Wie wenig dieses Verbot geachtet wurde, zeigt ein Erlass Philipps des Guten aus dem Jahre 1454. Darin bestätigt er die Rechte der Narrengesellschaft des Herzogtums Cleve, jedes Jahr „das edle Fest der fröhlichen Narren“ zu feiern. Karl der Kühne wiederholte zwar noch einmal 1469 das Verbot der Narrenfeste.[120] 1482 wurden jedoch die Privilegien für die Narrengesellschaft von Cleve erneut durch den Bischof und Herzog von Langres, den Statthalter des Herzogs von Burgund, bestätigt, wobei der Sachverhalt an allen Straßenkreuzungen kundgetan werden sollte.[121]

1497 erschien in Paris ein Büchlein des flämischen Humanisten Josse Bade, ähnlich dem „Narrenschiff“ von Sebastian Brant (davon später), mit dem Titel „La grant nef de folles“ – das Schiff der Närrinnen. Darin lässt sich Bade über die Liederlichkeit der Weiber aus.[122] Entsprechend der damaligen theologischen Auffassung, dass die Erbsünde eine menschliche Narrheit gewesen sei, wird auf einem Holzschnitt die biblische Stammmutter Eva als Mutter der Narren dargestellt. Die Ruderer des Schiffes sind Teufel mit Narrenkappen. Der Text erklärt, dass Eva, „unsere erste Mutter“ die „Mutter aller Narrheit“ war.[123]

In Brüssel wurde das Narrenfest von einem König der Narren beherrscht. Bei dem Umzug saß er auf einem Esel. Eine ähnliche Gestalt ist in Poperinghe bezeugt. Sie saß ebenfalls auf einem Esel, hatte einen Küchenbratspieß in der Hand anstelle einer Lanze, Löffel statt Sporen und einen Harnisch aus Töpfen und Pfannen. Aus Gent wird nach 1529 von einem Streit des Eselkönigs mit seiner Eselfrau, seinem Reittier, berichtet.[124] Im Spatmittelalter gilt der Esel als träge,

---

[119] Heers, J.: Vom Mummenschanz zum Machttheater, a.a.O., S. 206
[120] Hirschbiegel, J.: Etrennes, a.a.O., S. 44
[121] Heers, J.: Vom Mummenschanz zum Machttheater, a.a.O., S. 234
[122] ebd., S. 173
[123] Moser, D.R.: Fasching-Fastnacht-Karneval, a.a.O., S. 53
[124] ebd., S. 56

dumm und geil. Er ist Symbol der Acedia, der Trägheit im Gottesdienst und dem Verrichten guter Werke.[125]

Das Bild des Narren ist vielfarbig und lebendig. Wie die Menschen sich ändern, ändern sich auch ihre Einsichten in bestimmte Dinge des Lebens. Der Narr erhielt innerhalb von zehn/zwanzig Jahren ein neues Gesicht. In seinem „Lob der Torheit" betrachtete Erasmus von Rotterdam die Torheit nicht mehr als Sünde. Er lacht und spottet über sie, aber er weiß, dass er die Menschen nicht von ihr heilen kann. Er sieht in der Narrheit Kinderei statt Frevel. An die Stelle des Narren tritt bei Erasmus Frau Torheit.[126]

Die Kirche wandte sich bei den Narrenfesten vornehmlich gegen die Feiern, die in ihren eigenen Räumen stattfanden. Die Dekrete des Konzils und der Könige bezogen sich auf eine Reform des Klerus', und hier in erster Linie des Stiftsklerus'. Die Welt der Laien wurde nur am Rand durch das Verbot von Schauspielen berührt.[127] Der letzte Erlass eines Narrengerichtes aus dem französisch-niederländischen Raum ist aus dem Jahr 1579 erhalten.

Im 17. Jh. schlossen sich die Schimpfwagen den Karnevalsumzügen an, und schließlich gingen die Narrenfeste ganz im Karneval auf. Dieses Umdenken geht sicherlich teilweise auf die Reformation zurück, aber wohl auch auf die Einsicht, dass zweimal Karneval im Jahr zuviel war.

Karneval

Carl Clemen gibt den interessanten Hinweis, dass das Narrenfest vom 16. – 18. Jh. auch im Rheinland neben dem bereits bestehenden Karneval noch gefeiert wurde. Daraus zieht er den Schluss, dass der Ur-

---

125 LCI, Bd. 1, S. 682

126 Eckart, Willehad Paul: Erasmus von Rotterdam, Werk und Wirkung, Bd. I, Köln 1967, S. 130 ff.

127 Helmrath, Johannes: Das Basler Konzil 1431-1449, Forschungsstand und Probleme, Köln u.a. 1987, S. 335f.

sprung des Karnevals ein anderer sein muss als bloße Narretei, so dass „der Karneval also ... von Haus aus ein Fruchtbarkeitszauber war".[128] Dem widerspricht allerdings der Bonner Karnevalsforscher Wolfgang Herborn, der meint: „Der rheinische Karneval hat nichts mit den Winteraustreibungs- oder Fruchtbarkeitsriten der Römer oder Germanen zu tun, sondern er hat eindeutig christliche Wurzeln."[129]

Immer wieder versuchen Autoren, Karneval als rein christliches Fest zu interpretieren, was sicherlich stimmt, wenn allein sein Bezug zur Fastenzeit gesehen wird. Doch bei einer Geschichte des Karnevals als Ausdruck der Verkehrten Welt geht es weder um etymologische Befunde noch um eine zeitgleiche Feier. Es geht nur darum aufzuzeigen, dass das Bedürfnis des Menschen, einmal im Jahr außer Rand und Band zu sein, die Welt zu verkehren, alle Schranken einzureißen, nun einmal in uns liegt. Es geht darum zu zeigen, wie sehr sich alle diese Feiern gleichen, ob das Fest nun Karneval heißt, Saturnalien oder Kalendae Ianuariae. Von Bedeutung ist lediglich, dass es vor allem das Fest der kleinen Leute ist, des Pöbels, wie es zunächst verächtlich heißen wird. Das aber von Adel und Klerus ebenfalls gern und ausgiebig gefeiert wird.

Als die Kirche auf dem Konzil von Benevent die Fastenzeit neu regelte, hat sie, wie bereits gesagt, damit begonnen, Karneval in die Woche vor der Fastenzeit zu lenken. Will Durant beschreibt die Nachsichtigkeit der Kirche recht treffend, wenn er meint: „ sie (die Kirche) wusste, dass der Mensch dann und wann Ferien von der Moral haben muß, eine kurzfristige Befreiung von den unnatürlichen moralischen Hindernissen, die normalerweise zur Bildung einer zivilisierten Gesellschaft notwendig sind."[130]

Dass die Kirche versucht hat, die Neujahrsbräuche mit Karneval zu verschmelzen, könnte wieder ein Bericht von Benedikt, dem uns schon bekannten Chorherrn aus Rom, bestätigen. In seiner Beschrei-

---

[128] Clemen, C.: Vom Ursprung des Karnevals, a.a.O., S. 153

[129] Schlipsabschneiden hat nichts mit Kastrationsgelüsten zu tun, General-Anzeiger Bonn vom 17.02.2004

[130] Durant, W.: Das frühe Mittelalter, a.a.O., S. 535

bung der stadtrömischen Festbräuche verweist er darauf, dass die Bräuche, die einst an den Kalenden des März stattfanden, nun auf die Mittfastenbräuche verschoben worden sind, also eine erste Annäherung an Karneval und Fastenzeit erfahren haben.

Er beschreibt diese Carnomania als Volksfest, dessen „Zutaten“ den Neujahrsbräuchen gleichen. Das Fest wurde auf dem Platz des Lateran vor dem Papst gefeiert. Klerus und Volk, nach den Diakonien geordnet, bildeten Chor und Publikum zugleich. Die Lieder waren ursprünglich die gleichen, die an den Kalenden des März gesungen wurden. Jede Diakonie stellte einen Erzpriester, der in einer scherzhaften Vermummung auftrat. Der Prior der Sängerschule, mit hörnerartigem Kopfputz und Schellenbaum geschmückt, führte einen Tanz auf. Ein Priester ritt rittlings auf einem Esel und sammelte Geschenke ein. Alle Diakonien legten vor dem Esel Kränze nieder und erhielten vom Papst byzantinische Goldstücke, wie sie damals in Rom in Umlauf waren. Masken und Kränze, Tanz und Possen, Gabe und Gegengabe erinnern wieder an die Kalendenfeier.[131]

Doch beschreibt Chorherr Benedikt vier Feste, die zu seiner Zeit (d.h. 1142) in Rom stattfanden, und eines ist wohl unser Karneval, nämlich der *ludus Carnelevarii*. Zu diesem Fest gehörte ein Turnier römischer Ritter, das Benedikt als Abwehrzauber deutete. Dabei wurden ein Bär, Stiere und ein Hahn getötet. Dem Ganzen ging ein Gelage voraus. Benedikt erwähnt weiter einen Festzug der Reiter und des Fußvolkes zum Testaccio und bestätigt, dass dieser Karneval als öffentliches Volksfest unter Beteiligung des Papstes gefeiert wurde. Sicherlich war es nun ein Leichtes, dass die Festbräuche anlässlich der Kalendenfeiern zum Karneval abwandern bzw. mit ihm vereinigt werden konnten. Auf diese Tatsache hat schon Schneider, gegen Mezger, hingewiesen.[132] Die zeitlich unwesentliche Abweichung zwischen den Kalenden des März und Karneval konnte den „heidnischen“ Ursprung vergessen lassen. Karneval wurde nun als unausrottbares Fest vor den Tagen der Fastenzeit geduldet. Dass Neujahrsfeiern und Karneval

[131] Schneider, F.: Kalendae Ianuariae, a.a.O., S. 402 ff
[132] ebd., S. 407

noch nebeneinander bestanden haben, spricht nicht gegen diese Theorie. Denn kein Umbruch geschieht von heute auf morgen.

Mit dem Jahr 1142 können wir also Karneval urkundlich beginnen lassen. Sprachlich wird Karneval mit dem Kirchenlateinischen in Zusammenhang gebracht als dem „Sonntag vor der Fleischenthaltung", domenica ante carnes tollendas, d.h. dem Sonntag vor Aschermittwoch. Das italienische Wort carnevale könnte man auch durch Silbentrennung mit carne vale - Fleischfortnahme deuten.

Die schriftliche Erwähnung des Karnevals legt allerdings die Vermutung nahe, dass er bereits seit längerem gefeiert worden ist. Wann Karneval also wirklich zum ersten Mal vor der Fastenzeit gefeiert worden ist, bleibt im Dunkeln. Doch ist auch er ein Fest für alle. Für die Zeit der Festtage fallen die sozialen Schranken. Der „kleine Mann" wird zwar nicht mehr bedient. Aber er darf sich in dieser Zeit als „freier" Mann geben – und er nimmt sich alles heraus, was ihm sonst verwehrt bleibt.

Viel essen und trinken, freie Meinungsäußerung und alles tun, was den Geboten zuwider steht, das sind die Kennzeichen des Karnevals. Im Laufe der Jahrhunderte erfährt er nun eine Politisierung. Er prangert nicht nur Missstände im eigenen Ort an, sondern spiegelt ebenso die Entdeckungen wie die religiösen und sozialen Unruhen wider. Neu ist bei diesem nun „modernen" Karneval, dass es nicht mehr nur negative Stimmen gegen ihn geben wird. Nicht nur die Teilnahme des Papstes am römischen Karneval hat letzteren aufgewertet. Auch menschenfreundliche Persönlichkeiten melden sich nun zu Wort und verweisen auf die Vorzüge dieses Festes.

Doch wird weiterhin gelegentlich derart über die Strenge geschlagen, dass auch in Zukunft Strafpredigten von den Kanzeln, entsetzte Schmähreden von großen Persönlichkeiten und Verbote von öffentlicher Hand nicht ausbleiben. Wenn wir das Tun der Menschen verfolgen, wird es uns manchmal die Sprache verschlagen. Karneval wird immer ambivalent bleiben. So wird er in den folgenden Jahrhunderten zwar weiter von Kirchenmännern kritisiert, mehr aber noch von der weltlichen Obrigkeit wie Königen, Fürsten oder Stadträten, die in diesem unkontrollierbaren Geschehen eine Gefahr wittern.

Über einen der ältesten Umzüge erfahren wir von einem Mönch Rudolf in seiner Chronik von St. Trond aus dem Jahre 1133. Hier begegnen wir auch wieder einem Schiffswagen. Irmgard Wolff und Manfred Engelhardt meinen, dass dieser Umzug der germanischen Göttin Nerthus geweiht war, deren Kult sich wohl bis zu dieser Zeit erhalten hatte,[133] während Karl Simrock das bei dem Umzug mitgeführte Schiff eher für ein Isis-Schiff hält.[134]

Mönch Rudolf berichtet, dass „im ersten Frühjahr" ein Bauer bei Inden/Kornelimünster ein auf Rädern gehendes Schiff baute. Vor dieses Schiff wurden Weber, als Priester fungierend, gespannt, die es über Aachen und Mastricht, wo Mast und Segel hinzukamen, nach Tongern und Looz zogen. Von da sollte es über Léau nach Löwen und vielleicht nach Antwerpen auf die Schelde gebracht werden.

Überall wurde das Schiff von der ganzen Bevölkerung festlich begrüßt und zwölf Tage lang mit Musik und Geschrei bis in die Nacht umtanzt. Unter die Feiernden haben sich Scharen von Frauen gemischt, die einen halbnackt, die anderen mit flatternden Haaren und losem Gewand, alle weibliche Schamhaftigkeit missachtend. Als der Reigen zu Ende gewesen, haben die Frauen etwas getrieben, worüber der Berichterstatter nur schweigen und weinen zu können erklärt.[135]

Dieser Umzug war für die Zeitgenossen mehr als Verkehrte Welt und mutet sehr „heidnisch" an. Gleichzeitig finden sich Anklänge an die Eröffnung der Schifffahrt, so dass es durchaus möglich ist, dass hier beide Rituale miteinander verschmolzen sind. Neuere Forschungen sehen Schiffsumzüge eher in Verbindung mit höfischen Festen. Sie meinen, dass höfische Herren im Anschluss an das „Schiff als Leit-

---

133 Wolf, I., Engelhardt, M.: Von Karneval bis Erntedank, a.a.O S. 15

134 Simrock, Karl: Handbuch der Deutschen Mythologie mit Einschluß der nordischen, Bonn 1869, S. 355

135 ebd.

motiv der Kreuzfahrer", pompöse höfisch-festliche Umzüge abgehalten haben.[136]

Doch bevor wir uns der Geschichte des „modernen" Karnevals widmen, sollen zunächst die Begriffe Fastnacht, Fasching und Karneval geklärt und vor allem gezeigt werden, dass der immer wieder auftauchende „Carrus navalis", der Schiffswagen, etymologisch nichts mit Karneval zu tun hat.

Exkurs: Der „Carrus navalis" wird versenkt

Bevor das Wort Karneval in deutsche Lande importiert wurde, waren der Fasching und die Fastnacht bekannt. Fasching ist die ursprünglich bayrisch-österreichische Bezeichnung für die Fastnacht und tritt im 13. Jh. auf. Der Begriff wurde als „Ausschenken des Fastentrunks" verstanden. Der Brockhaus hält es allerdings für fraglich, ob der in alten Quellen erwähnte Ausdruck *vaschanc* mit „Fassausschank bei ‚der Christen Bacchusfest' erklärt" werden kann.[137] Aus dem mittelhochdeutschen Wort *vaschanc, vaschang* entstanden, wurde aus dem Freudenruf: „oho, vaschang!" im 17. Jh. dann Fasching.[138]

Die Fastnacht ist die Nacht vor dem Aschermittwoch, die Nacht vor der großen Fastenzeit. Dieser Begriff taucht um 1200 auf und geht auf das mittelhochdeutsche *vastnaht* zurück, wobei „Nacht" die Bedeutung „Vorabend" hatte (wie wir sie noch in der Bezeichnung „Heilige Nacht" für den 24. Dezember, nämlich den Vorabend von Weihnachten, finden). Offen bleibt, ob hier ein im Frühneuhochdeutschen enthaltener Stamm mit der Bedeutung „Fruchtbarkeit" hineingespielt hat. Denn ein Begriff „faseln" = „gedeihen, fruchtbar sein" ist bezeugt – jedenfalls im Herkunftswörterbuch des Duden.[139]

---

[136] Moser, Hans; Städtische Fasnacht des Mittelalters, Volksleben 18 (1967), S. 135-202, S. 149

[137] Brockhaus, Bd. 6, a.a.O., S. 78

[138] Das Herkunftswörterbuch – Duden, Mannheim; Wien; Zürich 1989, S. 176

[139] ebd., S. 177

Anders sieht das H. Urner im RGG. Er meint, dass die Volkssprache in Schwaben und der Schweiz die richtige Form „Fasnacht“ bewahrt hat, „die von faseln = Unsinn treiben“ abzuleiten sei.[140] Übereinstimmend meinen jedoch sowohl das Herkunftswörterbuch wie H. Urner, dass die Fastnacht ursprünglich, „wie vielgestaltiges ländliches Brauchtum in fast allen dt. Landschaften zeigt, als altes Vorfühlings- und Fruchtbarkeitsfest gefeiert worden (ist), lange, bevor sie im 12. Jh. durch die Kirche auf die Zeit vor den Fasten begrenzt wurde.“[141]

Urner ergänzt diese These noch, indem er ausführt, dass „die Ausgelassenheit bei Schmaus und Tanz, Umzügen und Maskeraden letztlich auf die Fruchtbarkeitsriten der Antike zurückzuführen“ sind. Für ihn sind „die Mythen von sterbenden und auferstehenden Göttern, die apotropäischen (sc. Unheil abwehrenden) Bräuche bei Frühlingsbeginn und die Prozessionen zu Lande und zu Wasser, wie sie im alten Orient begegnen“, Ursprung dieser Feiern.[142] Und auch das Konfettiwerfen war „ursprünglich ein Sichbewerfen mit den jungen Frühlingsknospen.“[143]

Der Brockhaus von 1968 meint ebenfalls, dass Fastnachtsbräuche aus „heidnischen, germanischen oder keltischen Fruchtbarkeitskulten“ entstanden sein könnten.[144] Die Verbindung von Fasching und Fruchtbarkeitsfesten zeigt sich daran, dass bei vielen Umzügen ein Vertreiben des Winters mit seinen bösen Geistern unverkennbar ist. Dass die Faschingszeit einen magisch-sakralen Hintergrund hat, wird damit sehr deutlich.

Seit dem 13. Jh. wurde nicht nur in der Fast„nacht“ gefeiert, sondern auch einige Tage vorher. Der Donnerstag, der heute Weiberfastnacht heißt, wurde niederdeutsch „Lütter Fastelabend“ und schwäbisch-

---

[140] Urner, H.: Fastnacht, in: Die Religion in Geschichte und Gegenwart (RGG), Bd. 2, Tübingen 1986, S. 887

[141] Herkunftswörterbuch, a.a.O., S. 177

[142] Urner, H.: Fastnacht, a.a.O., S. 887

[143] Heiler, Friedrich: Erscheinungsformen und Wesen der Religion, Stuttgart; Berlin; Köln; Mainz 1979, S. 243

[144] Brockhaus Enzyklopädie, Bd. 6, Wiesbaden 1968, S. 87

alemannisch „Gumpiger Donnerstag“ genannt. Daneben gab es noch den „Schmalzigen Samstag“. In der Zeit zwischen 1450 und 1582 wurden die Feiertage „nach und nach allgemein auf die drei Tage vor Aschermittwoch zusammengedrängt“. Erst im 19. Jh. waren Tanzveranstaltungen und Maskenbälle vom Dreikönigstag bis zum Aschermittwoch angesetzt.[145] Lediglich Venedig machte da eine Ausnahme.

Im Gegensatz zum Fasching, der eher als Winteraustreibung und Fruchtbarkeitsfest zu sehen ist, steht der Karneval im Zeichen der Verkehrten Welt. Das „Herkunftswörterbuch“ des Duden meint dazu: „Die seit dem 17. Jh. bezeugte Bezeichnung der Fastnacht und des während der Fastnachtszeit üblichen närrischen Treibens stammt wie gleichbed. *frz.* carnaval aus *it.* carnevale. Dessen genaue Herkunft ist bis heute ungeklärt. Am ehesten handelt es sich um eine volksetymologische Umdeutung von *mlat.* carnelevale ‚Fleischwegnahme (während der Fastenzeit)’ oder von *lat.* carrus navalis ‚Schiffskarren’ (wie er bei festlichen Umzügen zur Wiedereröffnung der Schiffahrt im Frühjahr begegnete), und zwar nach *(lat.)* ‚carne vale’ ‚Fleisch, lebe wohl!’“[146]

Jürgen Küster interpretiert Karneval dagegen als carne levare – der Reinigung von der fleischlichen Lust[147]. Im Spätmittelalter gab es die Zwischenform „carnelevale“, aus dem sich der Karneval entwickelt hat. Das Wort wird dann ab 1699 in Deutschland als Festbezeichnung greifbar.[148] Urner hält dagegen ebenso den Bezug zum „Carrus navalis“ für möglich. Er bezieht sich dabei auf den „Schiffswagen, auf dem bei den großen Dionysien in Athen ein bekränztes Schiff ins Meer gefahren wurde.“[149]

Immer noch finden sich Autoren, die meinen, der Begriff Karneval sei von diesem „Carrus navalis“ abzuleiten. Dabei wird auch auf ein entsprechendes Fest im römischen Köln verwiesen. Am 5. März wurde

---

[145] Brockhaus, Bd. 6, a.a.O., S. 87
[146] Herkunftswörterbuch, a.a.O., S. 330
[147] Küster, Jürgen: Wörterbuch der Feste, a.a.O., S. 55
[148] Moser, D.R.: Fastnacht - Fasching - Karneval, a.a.O., S. 11
[149] Urner, U.: Fastnacht, a.a.O., S. 887

dort (und nicht nur dort) jedes Jahr ein Schiff der Göttin Isis geweiht. Dieses Schiff wurde auf einem Karren durch die Straßen gefahren. Doch geht es hier wieder, wie beim Dionysos-Fest, um die Eröffnung der Schifffahrt. Und das hat nichts mit Karneval zu tun. Wie wir schon wissen, gab es auch in altbabylonischer Zeit ein Schiff, das auf Rädern in einer Prozession durch die Straßen gezogen wurde. Und mit eben dieser Prozession wurde die Zeit der Verkehrten Welt eingeleitet.

Um dem „Carrus navalis" als Herkunftswort für Karneval von vornherein die Luft aus den Segeln zu nehmen, soll der Sachverhalt hier richtiggestellt werden. Das Übel beginnt mit Karl Simrock. In seinem „Handbuch der Deutschen Mythologie mit Einfluß der nordischen" aus dem Jahr 1853 schreibt er: „Ein Schiffswagen ist auch das Schiff der Isis, es befährt Wasser und Land wie Freys Schiff Skidbladnir Luft und Meer, ja aus diesem Schiffswagen ist unser Carnaval (carnaval) entsprungen; noch bei Sebastian Brant musste dieser Zusammenhang fortwirken, als er sein Narrenschiff schrieb ..."[150]

Der Schweizer Historiker und Kunsthistoriker Jacob Burckhardt ist derselben Auffassung und schreibt 1860 in seinem berühmten Werk „Die Kunst der Renaissance in Italien": „Merkwürdig ist besonders der aus dem Heidentum herübergenommene Schiffwagen, carrus navalis, der ... bei Festen sehr verschiedener Art mitgeführt werden mochte, dessen Name aber vorzugsweise auf dem „Karneval" haftenblieb."[151]

Hellmut Rosenfeld hat nun festgestellt, dass den „Ausdruck *carrus navalis* ... weder das klassische noch das mittelalterliche Latein kennt". In seiner Abhandlung „Fastnacht und Karneval – Name, Geschichte, Wirklichkeit" verfolgt er den Weg, den dieser nicht existierende Begriff genommen hat. Rosenfeld weist nach, dass Gustav Körting den carrus in sein „Lateinisch-romanisches Wörterbuch" übernommen hat, das 1891 in Paderborn veröffentlicht wurde. Allerdings deutete Kör-

---

150 Simrock, Karl: Handbuch der Mythologie, a.a.O., S. 355

151 Burckhardt, Jacob: Die Kultur der Renaissance in Italien, Nachdruck München 1928, S. 415

ting in einer Klammer an, dass das Wort nicht belegt, sondern lediglich erschlossen sei.[152]

Der Teufelskreis nahm seinen Lauf mit Hermann Usener, der zuletzt in Bonn lehrte und durch seine vergleichend-historische Religionsbetrachtung zum Begründer der modernen Religionsgeschichte wurde. Er fand an dem Begriff *carrus navalis* ebenfalls Gefallen und brachte ihn in seinen „Sintflutsagen" unter die Leute. Für Usener „war der Schiffswagen (*carrus navalis*) wesentlicher Bestandteil des Fastnachtszuges, so dass er für Italien, Frankreich, Spanien und Portugal geradezu Benennung des Festtages, ital. *Carneval* geworden" sei.[153] Die Autorität Useners war so groß, dass die Wortschöpfung Simrocks in Vergessenheit geriet.

Die Verfechter dieser Theorie verweisen auf die Schiffsumzüge, die alljährlich zu Ehren des Dionysos zur Eröffnung der Schifffahrt veranstaltet wurden. Wir haben gehört, dass auch der Göttin Isis zu Ehren ein solcher Umzug zur Zeit der Römer in Köln stattfand. Apuleius (124-180) beschreibt ein solches Fest in seinem Roman „Der goldene Esel". Da heißt es:

„Unter solcherlei Gerede und unterm Gesumme feierlicher Gebete rückten wir allmählich vor, bis wir dem Gestade nahten ... Dort wurden die Bilder der Göttin in aller Ordnung aufgestellt. Mit keuschem Munde verrichtete sodann der Hohepriester ein förmliches Gebet, reinigte mit brennender Fackel, Ei und Schwefel ein kunstvoll gezimmertes, ringsum mit ägyptischen Wundermalereien geziertes Schiff und weihte und heiligte es der Göttin.

Im blendenden Segel dieses heiligen Kiels stand mit großen Buchstaben das Gelübde für die gesegnete Schiffahrt des neuen Jahres geschrieben. Hoch erhob sich der runde, glattbehauene Pinienmast, weit sichtbar durch das herrliche Segel. Auf dem Heck prangte eine ver-

---

[152] Rosenfeld, Hellmut: Fastnacht und Karneval – Name, Geschichte, Wirklichkeit, Archiv für Kulturgeschichte 51.52 1969/70, S. 175-181, S. 178

[153] Usener, Hermann: Die Sintfluthsagen, Bonn 1899, S. 120

goldete Gans mit gewundenem Hals, und über und über glänzte das ganze Schiff von geglättetem, köstlichem Zitronenholz.

Nun kamen die Priester und Laien und trugen um die Wette Körbe voll Gewürz und ähnliche Geschenke herbei und gossen eine Mischung aus Milch über die Wellen hin. Als endlich das ganze Schiff mit reichlichen Gaben und Sühnopfern angefüllt war, wurden die Ankertaue gelöst, und ein eigener, frischer Wind trieb es in die hohe See hinaus. Sobald es unserm Gesicht entschwunden war, nahmen die heiligen Träger ein jeder das wieder, was er gebracht hatte, und unter den gleichen Gebräuchen, mit denen die feierliche Prozession gekommen, kehrte sie fröhlich wieder nach dem Tempel zurück." (XI.16)

Diese schöne Schilderung der Eröffnung der Schifffahrt ist von einer Verkehrten Welt weit entfernt. Sie bestätigt lediglich, dass diese Riten nichts mit Karneval zu tun hatten und haben und nicht Ursprung dieses Treibens sein können. Dass es Prunkwagen in Form von Schiffen gibt, hat nichts mit heiligen Riten zu tun sondern wieder mit Verkehrter Welt.

Das Schiff als Symbol des Lebens war schon bei den alten Völkern ein gern verwendeter Topos. Schon im 2. Jh. bemächtigten sich die Christen ebenfalls dieser Vorstellung. Bei Tertullian findet sich erstmals die Gleichsetzung von Schiff und Ekklesia.[154] Die Kirche war das Schiff, das von den Wellen des Meeres hin- und hergeworfen wird, aber nicht untergeht, denn Christus ist sein Steuermann. Der Mastbaum wird mit dem Kreuz gleichgesetzt, das das Schiff „Kirche" auf dem Meer lenkt. Sünder, Häretiker und Exkommunizierte werden als Schiffbrüchige bezeichnet. Auf Grabmälern frühchristlicher Gräber finden wir Schiffsdarstellungen, die das bereits gelandete Seelenschiff symbolisieren. Das Schiff „Kirche" ist dagegen noch nicht im Hafen des Heils angekommen, aber es ist ein heilsicherer Ort. Die

[154] Lurker, M.: Wörterbuch der Symbolik, a.a.O., S. 627

Kirche mit Christus als dem Retter der Welt wird zur zweiten Arche des Heils.[155]

1914 hat Carl Clemen darauf verwiesen, dass die Ableitung des Namens Karneval von dem Schiffswagen oder *carrus navalis* wohl ebenso unrichtig ist wie die Ableitung Fastnacht von Faseln jedenfalls für die Frage nach dem Ursprung der verschiedenen Fastnachtsgebräuche.[156] Und 1920 bestätigte Fedor Schneider ebenfalls: „Der Name geht etymologisch nicht, wie noch A. Dieterich wollte, auf den *carrus navalis* der Isis zurück; der Tag heißt wirklich so, weil die Fasten anfangen und der Fleischgenuß aufhört: *carnelevare, carnelevamen, carnelasciare, carnisprivium* im Mittelalter.[157]

Doch gehen Arnold Stelzmann und Robert Frohn in ihrer „Illustrierten Geschichte der Stadt Köln“ von 1984 dem carrus navalis noch auf den Leim. Sie meinten: „Dieser Wagen führte den Namen „carrus navalis“ = Schiffswagen und aus dieser Bezeichnung soll das Wort „Karneval“ entstanden sein.“[158] Und wenn in einem großen Lexikon wie „Die Religion in Geschichte und Gegenwart“ noch 1986 der Name Karneval von *carrus navalis* abgeleitet wird, darf man den Herausgebern schon mangelnde Recherche vorwerfen.

Der „moderne“ Karneval

In Deutschland wurde zunächst die Fastnacht gefeiert, also die Nacht vor dem Aschermittwoch. Dass es um 1200 auch schon eine Art Wieberfastnacht gab, bezeugt Wolfram von Eschenbach in seinem Parzival. Da heißt es: „Die stolze Königin kämpfte ritterlich. Sie erschien neben Gawan so wehrhaft, daß die Krämerfrauen von Dollnstein in

---

[155] LCI, Bd. 4, S. 61ff

[156] Clemen, Carl: Der Ursprung des Karnevals, a.a.O., S. 148

[157] Schneider, F.: Kalendae Ianuariae, a.a.O., S. 406

[158] Stelzmann, Arnold, Frohn, Robert: Illustrierte Geschichte der Stadt Köln, Köln 1984, S. 49

der Fastnacht nie besser gestritten haben, nur dass die es aus Narretei tun und sich ohne Not abmühn.“[159]

Die zeitlich nächste Karnevalsfeier enthält ein Bericht über die Universität von Paris. Er beschreibt u.a. die „Feier“ einiger Studenten am Fastnachtsdienstag des Jahres 1229 in einem Pariser Vorort. In einer Kneipe gab es „guten, süffigen Wein“. Doch als die Zeche bezahlt werden sollte, meinten die Studenten, der Wirt nutze ihre Trunkenheit aus und wolle zu viel Geld haben. Erst kam es zu einem Wortwechsel, dann zu einer Schlägerei, wobei die Nachbarn die Studenten ordentlich verprügelten. Am nächsten Morgen kehrten die Studenten jedoch mit zahlreicher Unterstützung, mit Knüppeln und Schwertern bewaffnet, in die Kneipe zurück. Sie öffneten die Hähne aller Fässer, sodass der gute Wein die Gasse hinunterfloss. Die aufgeschreckten Nachbarn alarmierten den Provost, der für die öffentliche Ordnung verantwortlich war. Dieser kam mit seinen Helfern und sorgte derart für Ruhe, dass einige Studenten tot liegen blieben.[160]

Seit dem 13. Jh. wurde auch einige Tage vorher gefeiert. Wie schon erwähnt, haben die Päpste zu jener Zeit nicht abseits gestanden, wenn es darum ging, Karneval zu feiern. Innozenz III. (1198-1216) nahm an einem Spiel teil, in dessen Verlauf ein Bär als Symbol des Teufels, ein junger Stier als Sinnbild menschlicher Lust und ein Hahn als Zeichen für Geilheit getötet wurden. Davon hatte Chorherr Benedikt schon berichtet. Und Papst Martin IV. empfahl 1284 allen Gläubigen, am Karnevalstreiben teilzunehmen.[161]

Im bewussten Rückgriff auf die Antike erfahren wir von der Einführung vergänglicher Narrenreiche 1283 in Lille. In Gent wird die Narrenschar von König Nebukadnezar, dem babylonischen König aus der Bibel, angeführt, in Antwerpen ist der Narrenfürst Bacchus, der römische Gott des Weines. Die Lesung am Karnevalssonntag nach Paulus: „Wenn ich in den Zungen der Menschen und der Engel rede, habe

[159] Wolfram von Eschenbach: Parzival, München 1950, S. 210
[160] Logan, F. Donald: Geschichte der Kirche im Mittelalter, Darmstadt 2005, S. 244
[161] Küster, J.: Wörterbuch der Feste und Bräuche, a.a.O., S. 61

aber die Liebe nicht, so bin ich ein tönendes Erz oder eine klingende Schelle“ (1 Kor 13.1), führte zum Auftreten von Schellenträgern, wie wir sie heute noch kennen.[162]

Die Venezianer waren seit jeher bekannt für ihren Karneval. Hier begann er bereits am 26. Dezember. Damit kam die Zeit des Überflusses, der Verschwendung und der Unberechenbarkeiten. Die Menschen traten aus der Welt des Alltags und der Unterdrückung in die Welt der Freiheit, zu der Essen und Trinken gehörte, vor allem aber sexuelle Freiheit.

Die zeigte sich beim sog. „Giuoco degli Ovi“, dem Eierspiel, bei dem als Teufel verkleidete Männer vor das Haus ihrer Angebeteten zogen, um ihr Fenster oder gar sie direkt mit Eiern zu bewerfen, die galanterweise mit Duftwasser gefüllt waren. Ganz so harmlos war dieses Spiel wohl nicht, denn der Große Rat verbot es 1268 zumindest für das „Regierungsviertel“, den Bereich um San Marco.

Im 13. Jh. finden sich bildliche Darstellungen, die allegorisch den Kampf zwischen Karneval und Fasten darstellen. Sittenprediger tun das ihrige, diesen Gegensatz in die Köpfe der Gläubigen einzuprägen. Aber auch weltliche Autoren nehmen sich dieses Themas an, und wenig später werden Künstler von diesem Gedanken gefesselt. Heers meint, dass die Karnevalsumzüge an die Prozessionen der kirchlichen Feste erinnern. Da diese Umzüge aber schon vor dem Christentum Kennzeichen der Verkehrten Welt waren, haben solche Gedanken eher das Eingliedern des Karnevals in das kirchliche Jahr erleichtert.

Der erste Umzug in Köln fand im Jahre 1314 statt. Mehr als das Datum ist davon nicht bekannt.[163] Eine Urkunde aus dem Jahr 1341 zeigt jedoch, dass der Karneval auf zwei Tage beschränkt war: den Sonntag vor Aschermittwoch, den „Großfastabend“, und den folgenden Dienstag, den „Letzfastabend“. Aus dem Jahr 1376 stammt die älteste Nach-

---

[162] Küster, J.: Wörterbuch der Feste und Bräuche, a.a.O., S. 58
[163] Wolf, I., Engelhardt, M.: Von Karneval bis Erntedank, a.a.O., S. 17

richt über „fasnächtliches Treiben“ in Basel. Und in Thüringen wurde 1391 der erste Fastnachtsverein gegründet.

Und schon in der damaligen Zeit finden wir Belege dafür, dass die Stadträte dagegen opponierten, öffentliche Gelder für Karnevalsfeiern zu bewilligen. Ein Eintrag im Eidbuch der Stadt Köln vom 5. März 1341 ist die älteste urkundliche Erwähnung dafür. Allerdings hatte die Entscheidung wohl keinen Erfolg. Denn ähnliche Ansinnen finden sich in den Büchern der Jahre 1372, 1395 und 1396.[164]

Fast gleichzeitig wird Weiberfastnacht urkundlich erwähnt. In den Städten trafen sich die Ehefrauen der sog. ratsfähigen Familien zu einem eigenen Mahl und zu Tanz. Zuweilen durften auch Witwen und Jungfrauen mitfeiern und gesondert die „gemeinen Töchter“, die Freudenmädchen. Aus Aachen sind Stadtrechnungen aus dem 14. Jh. erhalten, die belegen, dass als Mönche verkleidete Frauen an Karneval Wein erhielten.[165]

Es entwickelten sich von der Obrigkeit geduldete Karnevalsfeste, die die Frauen selbst organisierten, mit einem heiteren Zeremoniell im Sinne der Verkehrten Welt, von denen Männer natürlich ausgeschlossen waren. Die Frauen erhielten das befristete Recht, Männern zu befehlen. Sie nahmen ihnen die Kopfbedeckungen ab und verlangten für die Rückgabe Lösegeld. Es gab ein Rügegericht, auf dem sich über Männer lustig gemacht wurde.

Daneben entstanden in den alemannischen Narrenorten Fastnachtsspiele, in denen Frauen verspottet wurden. Es kam zum symbolischen Einsalzen alter Weiber, zur Verspottung alter Jungfern und zur „Altweibermühle“. Dabei handelte es sich um Bilder, die eine Wundermühle zeigten, die auf der einen Seite mit alten Weibern bestückt wurde und auf der Gegenseite junge Mädchen auswarf. Unter den hier

---

[164] Klersch, Josef: Die kölnische Fastnacht von ihren Anfängen bis in die Gegenwart, Köln 1961, S. 11

[165] Crous, Helmut A.: Alaaf Oche, en wenn et versönk! Die Fastnacht in Aachen im Laufe der Jahrhunderte, Aachener Karnevalsverein 1859-1984, Aachen 1984, S. 10

dominierenden Altweiber- und Hexenmasken verbargen sich immer Männer.

In Venedig wurde 1339 das Maskentragen verboten, weil damit Verbrechen und Betrug in die Stadt eingezogen seien. Gut 100 Jahre später muss der Rat der Zehn, eine politische Überwachungsbehörde, aus der später die berüchtigte Staatsinquisition hervorgehen wird, erneut ein Dekret erlassen, in dem gegen Männer vorgegangen wird, die als Frauen maskiert zur Karnevalszeit in Nonnenklöster eindringen, um dort „viele Schamlosigkeiten" zu begehen. Und 1461 wird wieder jede Maskierung verboten.[166]

Auch in Deutschland finden sich Klagen über Auswüchse bei Karnevalsfeiern. Träger der Feiern im 14./15. Jh. waren die Handwerkerzünfte, die Gesellen hatten dabei die führende Rolle übernommen. Unter dem Schutz der Verkleidung wurde viel Unfug getrieben. Vor allem geriet das schon früh in Köln bezeugte „Heischen", das Betteln um Gaben, außer Kontrolle. 1403 sah der Rat der Stadt Köln sich genötigt, dagegen einzuschreiten. Unter Androhung einer Strafe von fünf kölschen Mark wurde die Vermummung zeitweilig auch hier ganz verboten.[167]

Zur gleichen Zeit fanden an den Karnevalstagen Turniere statt, und zwar in Köln auf dem Altermarkt. Dazu mietete der Rat der Stadt Fensterplätze für seine Mitglieder an. Die Kosten finden sich ebenfalls in den Stadtrechnungen. Diese Reiterspiele waren wohl überaus beliebt und sind auch für andere deutsche Städte belegt. Ob sie dem römischen Karneval „abgeguckt" waren, lässt sich nicht mehr sagen.

In Rom leisteten die Juden eine regelmäßige Abgabe an die Kasse des Vatikans, aus der der Papst den Karneval finanzierte. Zwischen 1400 und 1440 belief sich diese Summe auf stattliche 500 Goldmünzen. 1420 wurde unter Martin V. diese Steuer auf alle jüdischen Gemeinden des vatikanischen Hoheitsgebietes ausgeweitet – eine Erleichte-

---

[166] von Müller, Achatz: Karneval in Venedig, Internet, S. 4

[167] Stelzmann, A., Frohn, R.: Geschichte der Stadt Köln, a.a.O., S. 177

rung für die Organisatoren des Karnevals.[168] So fiel es wohl nicht so schwer, das Volk weiterhin vor dem päpstlichen Palazzo di Venezia zu speisen. Besonders beliebt waren jedoch die Wettrennen: von Pferden, Büffeln und Eseln, aber auch von Alten, Burschen oder Juden.

Papst Sixtus IV. (1471-1484) scheute sich nicht, eine allgemeine Steuer zu erheben, um die Festessen finanzieren zu können. Auch wird berichtet, dass er sich unter die Masken auf dem Campo dei Fiori, der volkreichsten Gegend der Stadt, mischte. Unter Innozenz VIII. (1484-1492) sandten sich die Kardinäle im Karneval von 1491 Wagen voll prächtig kostümierter Masken und Sänger, die skandalöse Verse aufsagten.[169]

Dass die Neujahrsfeiern im Karneval aufgegangen sind, bestätigt uns überraschenderweise noch einmal der Hexenhammer, der 1487 zum ersten Mal veröffentlicht worden ist. Er erklärt ausdrücklich, dass die Feiern zum Jahresanfang nun mit ihrem karnevalesken Treiben auf die Fastnachtszeit übertragen worden sind. Da heißt es: „Und über den Jahresanfang können wir ... sagen: wie Janus, nach dem der Monat Januar benannt ist, ... ein mit zwei Gesichtern dargestelltes Idol war, von denen eines gleichsam das Ende des alten Jahres, das andere der Anfang des neuen war, und er gleichsam ein Beschützer und Glückspender im bevorstehenden Jahr war; und wie die Heiden ihm, oder vielmehr dem Dämon im Götzenbilde zu Ehren verschiedene hurtige und üppige Tänze aufführten und sich gegenseitig Scherzgeschenke gaben, verschiedene Reigen aufführten und sich zum Mahle setzten ...; und wie jetzt böse Christen diese verderblichen Sitten nachahmen, mag es auch bezüglich der Ausgelassenheit von ihnen auf die Zeiten der Fasten übertragen sein, wo sie mit Masken, Spielen und anderen abergläubigen Betätigungen durch einander rennen ... ebenso üben jetzt die Hexen ... ihre Hexenwerke."[170]

---

[168] Heers, J.: Vom Mummenschanz zum Machttheater, a.a.O., S. 263

[169] Burckhardt, J.: Die Kultur der Renaissance in Italien, a.a.O., S. 423

[170] Sprenger, Jakob, Institoris, Heinrich: Der Hexenhammer (Malleus maleficarum), Nachdruck der Ausgabe Berlin 1906, 2. Teil, S. 72 ff

Fast zur gleichen Zeit zeigen sich Anfänge einer humanistischen Fastnachtsdichtung. Sie entzündete sich an der Figur des Narren und hat literarisch 1494 ihren klassischen Ausdruck im schon erwähnten „Narrenschiff“ von Sebastian Brant, einem Stadtschreiber von Straßburg, gefunden. Er stellte 110 Verrücktheiten zusammen, die mit dem Schiff abtransportiert werden sollen. Er hoffte, dass jeder seine eigene Verrücktheit erkennen und entsprechend korrigieren werde.

Dieses „Narrenschiff“ ist die Verkehrung des Schiffes als Kirche. An die Stelle Christi am Mastbaum traten nun die Narren. Die auf dem Schiff fahrenden Narren wollten nach Narragonien, landeten aber beim Antichrist.[171] In der ersten Ausgabe von Brandt war die Fastnacht noch kein Thema, erst die zweite von 1595 enthielt ein Kapitel mit der Überschrift „Von Fastnacht narren“. In dieser zweiten Auflage wird alles Narrentreiben pauschal verurteilt, denn: „Der Teufel hat das Spiel erdacht“.[172]

In der Zeit um 1500 gehörte die Teufelsmaske zu den besonders gefragten Vermummungen. Diese war der „kirchlichen Requisitenkammer“ entliehen. Die Teufelsvermummung gehörte nämlich nicht nur zu den Narrenaufzügen, sondern auch zu kirchlichen Prozessionen und in die Aufführung geistlicher Dramen.[173] Es war der Teufel, der die Anti-Schöpfung repräsentierte und die Gottesherrschaft pervertierte.

Es ist schon erstaunlich, dass dem Narrenschiff von Brant ein solcher Erfolg beschieden war. Aber es war in deutscher Volkssprache geschrieben und mit Holzschnitten von Dürer versehen. Der Erfolg war wohl eng mit den Narren verbunden. Die von ihnen ausgelösten Reaktionen und die Zerrbilder der Vernunft begabten Menschen unterstreichen, wie tief das Ausleben der Verkehrten Welt in den Menschen verwurzelt ist. Immer hat es Kritik an gegenwärtigen Zuständen

---

[171] LCI, Bd. 3, S. 316 ff

[172] Brant, Sebastian: Das Narrenschiff, Nachdruck M. Lemmer, Tübingen 1968, S. 307

[173] Metzger, W.: Antike Motive, a.a.O., S. 247

und der Gesellschaft gegeben. Immer ist aber auch Kritik in diesem tollen Treiben geduldet worden.

Kurze Zeit nach dem Erscheinen von Brants Buch wird überall in Deutschland bei den Karnevalsumzügen ein wirkliches Schiff gezeigt, ein Schiff auf Rädern, das auf Wellen zu schaukeln scheint. Es hat einen hohen Mast mit einem geräumigen Mastkorb, einer Rahe und dem dazugehörenden Tauwerk. Narren in ihren bunten Kostümen bevölkern das Schiff – ein echtes Narrenschiff.[174]

Neben dem Narren erscheint seit Anfang des 16. Jh. der Hanswurst. Zunächst wurden mit diesem Begriff dicke, unbeholfene Menschen bezeichnet, die eben einer Wurst ähnelten. Im Laufe des Jahrhunderts wurde aus dem Spottnamen die Bezeichnung für einen Tölpel, also einen ungeschickten Menschen. Am Ende des Jahrhunderts wird aus dem Dickwanst der Spaßmacher, der im Karneval oder in Lustspielen auftritt.[175]

Dass Karneval auch berechtigte Kritik übt, zeigt sich in Nürnberger Handschriften und ihren Illustrationen und Protokollen. Unter den bekannten Karnevalsfiguren wie Tänzern und Läufern findet sich eine Person, die einen Ablassverkäufer repräsentierte. Unter einer schlichten spöttischen Maske verbarg sich das Gesicht des Mannes. Er trug einen blauen Hut mit prachtvoller Feder. Doch sein Gewand bestand aus Ablassbriefen, die mit den Schlüsseln des Petrus versiegelt waren oder mit einem Bischofsstab.[176] – Ein Vorbote der Reformation!

Seit den ersten Jahren des 16. Jh. fand sich nun der Brauch, dass am letzten Tag der Feier der Verkehrten Welt der Schiffswagen bzw. der schönste Wagen des Umzugs verbrannt wurde. Einerseits galt er als Abbild eines Dämons, der erobert und zerstört werden musste. Doch geriet dieses Geschehen nun zu einem regelrechten Feuerwerk. Denn an den Holz- bzw. Pappgerüsten befanden sich Päckchen mit kleinen

---

[174] Heers, J.: Vom Mummenschanz zum Machttheater, a.a.O., S. 267
[175] Herkunftswörterbuch, a.a.O., S. 268
[176] Heers, J.: Vom Mummenschanz zum Machttheater, a.a.O., S. 285

Böllern und Schießpulver.[177] Andererseits gab die Zerstörung des Wagens den Narren die Möglichkeit, sich vom Narrenschiff ab- und dem Schiff des Heils zuwenden zu können.

Zwischen 1450 und 1582 wurden die Feiern nach und nach auf die drei Tage vor Aschermittwoch zusammengedrängt. Bis ins späte Mittelalter hinein unterstützte die Kirche nicht selten die volkstümliche Entfaltung dieses Festes und billigte das Verlangen nach leiblichen Genüssen vor der Fasten- und Bußzeit. Selbst in den Klöstern wurde das carnelevamen mit Festmahlzeiten und Unterhaltung begangen.

Die Ratsherren der einzelnen Städte standen dem wilden Treiben eher reserviert gegenüber. Immer wieder kam es zu Beschwerden über den Übermut der Narren, immer wieder wurden Verbote erwogen. Doch wusste man wohl, dass sie im Allgemeinen wirkungslos waren. Gelegentlich wurde aber aus dem Spaß an Karneval bitterer Ernst. Am Rosenmontag 1482 besetzten unzufriedene Zunftgenossen, angeführt von dem Gürtelmacher Johann Hemmersbach, das Kölner Rathaus und nahmen den Bürgermeister sowie einige Ratsherren fest. Unter dem Johlen des trunkenen Pöbels wurden sie auf die Türme gebracht. Zwei Tage war Hemmersbach Herr der Stadt. Er durchschritt das Rathaus mit einem kleinen Stab in der Hand im Hochgefühl seiner Macht. Am Aschermittwoch aber war alles vorbei: Hemmersbach wurde wegen Aufruhrs auf dem Heumarkt enthauptet.[178]

Um 1510 schrieb der Kölner Ratsherr Weinsberg ausführlich über den Kölner Karneval. Er berichtet, dass während der Karnevalszeit die Standesunterschiede aufgehoben waren und die Kölner nicht nur mit Freunden sondern auch mit Fremden feierten. Das berühmteste Tanzhaus der Stadt war damals schon der Gürzenich. Zwischen 1441-1447 erbaut, diente er der Stadt nicht nur als Lagerhalle sondern auch als prachtvoller Festsaal. Tänze galten jedoch immer noch als moralisch

---

[177] Heers, J.: Vom Mummenschanz zum Machttheater, a.a.O., S. 268
[178] Sonderbeilage des Kölner Stadt-Anzeigers vom 13.01.1998, S. 18

anstößig. Deshalb musste Jahr für Jahr eine spezielle Genehmigung durch den Rat der Stadt eingeholt werden.[179]

In Venedig war es nicht anders. Je mehr die Autorität des Staates wuchs, je größer die Macht der Serenissima wurde, desto öfter kam es zu Verboten im Karneval. Vor allem der Geschlechtertausch wurde wieder beklagt. 1502 wurde „das Tragen falscher Bärte, künstlicher Haare, der Masken und überhaupt jede Form der Verkleidung“ verboten. Zwei Jahre später folgt eine wörtliche Wiederholung des Verbots, der weitere im Laufe des Jahrhunderts folgen.

Dabei kam es gerade im 16. Jh. zu einem Wettstreit der Kostüme. Neben den eierwerfenden Teufeln, den Männern in Frauenkleidern, den Lumpenkostümen oder einfach nur geschwärzten Gesichtern zeigten sich nun die von Venedig unterworfenen oder mit ihm Handel treibenden Völker: Dalmatiner, Türken, Albaner, Armenier, Schwarze, etc. Es gab phantastische Gruppen, die soviel Gold und Perlen auf ihren Kostümen zeigten, dass die Zuschauer aus dem Staunen nicht mehr herauskamen.

Der prächtigste Karneval wurde zu Anfang des 16. Jh. in Florenz gefeiert. Das darf nicht verwundern. Denn die Stadt hatte Ende des 15. Jh. eine Durststrecke „erlitten“. Wir dürfen nicht vergessen, es war die Zeit der Reformer und Reformatoren, die in ihren Predigten erbittert gegen alle Vergnügungen, vornehmlich aber gegen den Karneval, wetterten. Der Mönch Savonarola hatte es immerhin geschafft, dass von 1493 bis 1498 in dieser „genusssüchtigsten Stadt Europas“[180] kein Karneval statt fand und stattdessen das Fleisch kasteit und die Furcht vor göttlichen Strafen geschürt wurde.

Am Fastnachtsdienstag des Jahres 1497 forderte Savonarola die Florentiner auf, „obszöne Bücher und Bilder, Spielkarten, Würfel, Spieltische, Kosmetikartikel, Parfüme, Spiegel, Puppen etc.“ öffentlich zu

---

[179] Mezger, W.: Antike Motive, a.a.O., S. 246

[180] Logan, F. D.: Geschichte der Kirche im MA, a.a.O., S. 366

verbrennen.[181] Die Umzüge wurden in Klageprozessionen umgewandelt, in denen die Menschen das Kreuz auf sich nahmen und Büßer sich öffentlich geißelten. Auch in anderen Städten verlangten Prediger die Abschaffung der Umzüge, so in München, Konstanz und Nürnberg.

Hemmungslose religiöse Hysterie und unerträgliche Zwänge sind für die Menschen kein Dauerzustand. Irgendwann verlieren sich solche Ausbrüche. Die Weltgeschichte bestätigt das ebenso wie die Geschichte des Karnevals. Also feierte auch Florenz wieder seine Umzüge, und das auf ganz besondere Art. Zwischen Schwärmen von Masken zu Fuß und zu Ross gab es prunkvolle Wagen. Oder es gab Chöre von Leuten, die einen Stand ausmachten: Bettler, arme Seelen, die im Leben unbarmherzige Leute gewesen waren, Eremiten, Landstreicher, Astrologen, Teufel, etc. die sich in ihrem Gesang anklagen mussten. Diese Gesänge waren pathetisch, launig, aber auch recht unzüchtig.

Für diese Karnevalslieder, die canti carnascialeschi, war Florenz berühmt. Von Lorenzo de' Medici wurden sie am florentinischen Hof zu wahrer Kunst ausgebildet. Einige der schlimmsten Lieder werden ihm selbst zugeschrieben. Sie waren nicht ohne erotische Doppeldeutigkeiten und wurden zu Ehren seines Hauses auf den Straßen von Florenz gesungen.[182] Diese Art des Karnevals gelangte von Florenz aus nach Rom und Venedig. Übrigens wurde das älteste Kölner Karnevalslied um 1500 von einer Nonne mit Namen Anna geschrieben.[183]

Um 1500 wurden in Rom und Florenz anlässlich der Karnevalsumzüge altrömische Triumphzüge nachgestellt, so z. B. der Triumph des Augustus nach dem Sieg über Kleopatra. Da wurden gefesselte Könige, Schrifttafeln mit Volks- und Senatsbeschlüssen, ein kostümierter Scheinsenat mit Ädilen, Quästoren, Prätoren, etc., vier Wagen voll

---

[181] Logan, F. D.: Geschichte der Kirche im MA, a.a.O., S. 366
[182] Karsten, A., Reinhardt, V.: Kardinäle, Künstler, Kurtisanen, a.a.O., S. 80
[183] Wolf, I., Engelhardt, M.: Von Karneval bis Erntedank, a.a.O., S. 18

singender Masken und ein Trophäenwagen mitgeführt. An die reale Türkengefahr erinnerte eine Schar gefangener Türken auf Kamelen.[184]

In Deutschland kam es durch patrizische und zünftische Verbände zu organisierten Maskenumläufen. Wie im italienischen Karneval sind seit dem 15. und frühen 16. Jh. auch hier Schaustellungen auf Wagen belegt.[185] In Städten mit Meistersingern wie Nürnberg erlangten die Fastnachtsspiele z. B. unter Hans Sachs geradezu Berühmtheit.

Doch zu Beginn des 16. Jh. nahm ein ungezügeltes, zu Ausschreitungen führendes Maskenwesen wieder überhand. Ledige Mädchen und alte Jungfern wurden vor einen Pflug gespannt oder mussten einen Baumstamm durch die Straßen schleifen. Verhöhnungen von kirchlichen Institutionen häuften sich, es kam zu obszönen und blasphemischen Darstellungen, zu Nötigungen, zu maßlosem bürgerlichen Spott den Bauern gegenüber.

Der Deutschordenspriester Joannes Boemus klagt 1520 in seiner Schrift „Mores, leges et ritus omnium gentium", einer ersten Volkskunde im deutschen Raum über die (fränkische) Fastnacht: „Wie es (das Frankenland) die dem vierzigtägigen Fasten vorausgehenden Tage zubringt, wird nicht nötig sein auszuführen, wenn man weiß, in welch verbreitetem und regellosem Wahnsinn das übrige Deutschland, von dem das Frankenland keineswegs abweicht, zu dieser Zeit lebt. Es ißt nämlich und trinkt und ergibt sich ganz dem Spiel und Scherz und will sich heute an allen Dingen sättigen, so als könnte es sie nie mehr nutzen und als würde es morgen sterben. Jeder erfindet eine neue Schaustellung, um die Sinne aller zu erfreuen und sie in Bewunderung für sich einzunehmen. Und damit sie nicht Scham hindere, bedecken die, die sich diesem Schauspiel hingeben, ihr Gesicht mit einer Maske, vertauschen ihr Geschlecht und ihr Lebensalter, Männer ziehen Frauen- und Frauen Männerkleider an. Einige, die lieber Saturn oder böse Dämonen vorstellen wollen, färben sich mit Zinnober oder schwarzer Farbe und verunstalten sich durch einen schändlichen Aufzug; andere

---

[184] Burckhardt, J.: Die Kultur der Renaissance in Italien, a.a.O., S. 421

[185] Moser, D.R.: Fasching-Fastnacht-Karneval, a.a.O., S. 51

gebärden sich, indem sie nackt hin- und herlaufen, als Luperci, denn ich glaube, dass die jährlich wiederkehrende Sitte, sich närrisch aufzuführen, von diesen zu uns gelangt ist.“[186]

Boemus drückt aus, was schon immer über Karneval gesagt wurde und immer gesagt werden wird: es handelt sich um die Verkehrung der göttlichen Ordnung, die Verbindung mit den Satyrn bewirkt die Vorstellung von wilden, zügellosen Orgien, und der Geschlechtertausch hatte schon die frühen Christen erregt.

Der Hinweis auf die Luperkalien stimmt dagegen nicht. Dieses altrömische Fest fand am 15. Februar statt und war dem Faun geweiht. Dabei vollführten die Luperci genannten Priester, nur mit einem Schurz aus Ziegelfell bekleidet, einen Umlauf am Fuße des Palatium. Dabei schlugen sie mit Riemen aus dem Fell eines geschlachteten Tieres besonders ihnen begegnende Frauen. Diese ließen das gerne geschehen, denn sie versprachen sich von den Schlägen Fruchtbarkeit und die Abwehr von Unheil. Aber die Luperkalien waren kein Fest, in der Verkehrte Welt geherrscht hätte.

1516 veröffentlichte der Karmelitermönch Baptista Mantuanus (1447-1516) einen christlichen Festkalender in Anlehnung an Ovids „Fasti“. Auch er verglich darin Fastnacht mit den Luperkalien, stellt aber nur die Motive heraus, die seinem Sittenkodex widersprachen. Seiner Meinung nach handelten die Priester im alten Rom nur aus Laszivität und Begierde. Das „Aufkommen unzüchtiger Komödien“ verknüpfte er ebenfalls mit dem Karnevalstreiben.[187]

Sebastian Franck (um 1500 – 1542/43), selbst Theologe und Schriftsteller, übersetzte das „Lob der Torheit“ des Erasmus ins Deutsche. Franck lehnte dogmatische Verfestigungen ab und forderte selbst gegenüber Heiden und Muslimen Toleranz. 1534 konnte er den Karneval

---

[186] zitiert in: Wiegand, Hermann: Bacchanalia Neo-Latina. Zur Rezeption antiker Karnevalsmotive in der neulateinischen Literatur, in: J. Kraus: Metamorphosen des Chaos, a.a.O., S. 265

[187] Wiegand, H.: Bacchanalia Neo-Latina. a.a.O., S. 269

als ein Fest definieren, das „wol lachens werdt“ sei.[188] Wie tröstlich, dass es immer wieder nachsichtige Menschen gibt!

Mit der Reformation gab es nicht mehr nur die eine allgemeine Kirche. Nun waren es mindestens zwei, und diese zweite schaffte das, was die erste nicht erreicht hatte: sie vernichtete den Karneval in ihren Gebieten fast vollständig. Sie bekämpfte die „Bacchanalia der Christen“ heftig. Verbote der weltlichen Obrigkeit folgten. In England wurde der Karneval ein Opfer des Puritanismus.

So wurde aus dem Karneval ein katholisches Fest. Und die Stimmen, die sich fortan gegen ihn erhoben, wetterten gleichzeitig gegen die „papistische Kirche“. Der herausragende Schriftsteller der Reformationsbewegung Thomas Naogeorgus (um 1508-1563), ein theologischer Außenseiter, wuchtiger Dramatiker und genialer Satiriker,[189] sprach in mehr als einhundert Versen gegen das Bacchusfest der Papisten. Auch für ihn ist das heidnische Bacchusfest dem katholischen Karnevalstreiben gleichzusetzen. Bei diesem „zuchtlosen“ Treiben war die Kirche zur Götzendienerin geworden.

Zu den Gegnern von Vergnügungen und den Verächtern des Karnevals gehörte auch ein Doktor Andreas Osiander, der in seinen Predigten in Nürnberg die Fastnachtsfeiern als Relikte des Heidentums und des Atheismus verdammte, was ihm die erklärte Feindschaft aller Karnevalsfreunde einbrachte. Beim Karnevalsumzug 1539 in Nürnberg wurde auf dem Schembart-Schiff sein unverkennbares Ebenbild in Pappe mit wallendem Bart mitgeführt. Doch diesmal begnügten sich die Narren nicht damit, das Schiff samt Osiander-Puppe zu verbrennen. Sie griffen sein Haus an, schossen mit ihren Feuerrohren auf die Fenster und versuchten, die Türen aufzubrechen. Die Folgen können wir uns denken: sofortiges Verbot des Schembartlaufes.[190]

---

[188] Mezger, W.: Antike Motive, a.a.O., S. 257

[189] Eder, Manfred: Thomas Naogeorgus, in: Biographisch-Bibliographisches Kirchenlexikon, Bd. VI (1993), S. 448-451

[190] Heers, J.: Vom Mummenschanz zum Machttheater, a.a.O., S. 299

Als Antwort auf die Reformation kam es 1552 in Rom auf Veranlassung des Ignatius von Loyola zur Gründung des Collegium Germanicum, jenes Jesuitenkollegs, das hochqualifizierte Priester und Akademiker ausbildete, um Deutschland zu rekatholisieren. Und ausgerechnet an diesem Kolleg mit strengster Ordnung und allabendlicher Gewissenserforschung wurde Karneval gefeiert und ein Narrenkönig gewählt. Dieser Karnevalskönig musste den auswärtigen Schülern angehören. Er regierte sechs Tage lang nach seiner Inthronisation, ihm wurde gehuldigt und er durfte dem Rügengericht vorstehen. Es gab Bankette, Ausfahrten und Teilnahme an Theateraufführungen. Am Karnevalsdienstag erschien der König zum letzten Mal mit seinem Gefolge, er hielt eine kurze Abschiedsrede und legte seine Insignien ab, indem er auf die Nichtigkeit und Vergänglich aller irdischen Reiche verwies. Dann trat der König in die Reihe der Schüler zurück.[191] Die Jesuiten, die Elitedenker der katholischen Kirche, haben also erkannt, wie wichtig das Spiel der Verkehrten Welt ist, damit die restlichen 359 Tage des Jahres in etwa ausgeglichen überlebt werden können.

Durch die Reformation und unter dem Einfluss der Jesuiten und der Gegenreformation verstärkte sich eine karnevalsfeindliche Stimmung. In Bonn kam es unter Kurfürst Ernst von Bayern 1595 zu einer erzstiftlichen Verordnung, in der es heißt: „... so ordnen wir (an), dass hinfüro für Fastnacht- oder Fastelabends-Gesellschaft gänzlich abgeschafft und in den Städten und Dörfern nur am Montage nach dem Sonntag Esto mihi (= Rosenmontag) ein ehrlich Gesellschaft den Bürgern und Hausleuten gestattet, auch dergestalt, dass für 6 Uhr ein jeder wiederumb in seinem Haus sein, und die Nachtgelage, die Schwerttänzer und Mummereien sowohl in Städten als auch auf den Dörfern, mit allem übermäßigen Fressen, Saufen, Dantzen und alle Leichtfertigkeit, sonderlich am Esche Mittwochen und in der ganzen 40-tätigen Fasten, ganz und gar abgestellt und die Uebertreter mit einer Pön (=Strafe) von 5 Gulden unnachlässig gestraft werden sollen."[192]

---

[191] Moser, D.R.: Fastnacht-Fasching-Karneval, a.a.O., S. 34

[192] Neue Rhein-Zeitung vom 6. Februar 1958: Fastelovend „lebte" – trotz Verbot, Stadtarchiv Bonn 100/2955

Der alte Karnevalsbrauch, sich als Geistliche zu verkleiden, erregte immer wieder Anstoß, so dass der Rat der Stadt Köln 1601 sich genötigt sah, mal wieder jegliche Vermummung zu verbieten. Die Begründung war geradezu theologisch: Die Missstände könnten nicht länger geduldet werden, da sie „die Strafe Gottes nicht allein auf die Übeltäter selbst herabziehen, sondern auch auf diejenigen, die ihnen tatenlos zuschauten.“[193] Ein vollständiges Vermummungsverbot konnte jedoch nicht durchgesetzt werden. So wurde es zwei Jahre später abgeschwächt. Nun war nur das Tragen von geistlichen Kleidern sowie das Tragen von Waffen unter Strafe gestellt.[194]

Um 1635 finden wir zum ersten Mal den Ruf, der heute „Kölle alaaf!“ heißt. Er wurde in einer Bittschrift von Fürst Metternich verwendet und bedeutet soviel wie „Köln über alles“ (Cöllen al aff). Im Karneval von 1733 ist er als Lob- und Trinkspruch nachgewiesen. Da wir auch Hochrufe dreimal wiederholen, wird Kölle alaaf bis heute ebenfalls dreimal ausgerufen.[195]

Wie schon im Mittelalter wurde besonders in der Zeit nach der Reformation immer häufiger in den Predigten vor Aschermittwoch der Karneval mit der Hure Babylon verglichen. Dabei bezog man sich auf die Geheime Offenbarung des Johannes, in der es heißt: „Das große Babylon, die Mutter der Huren und der Greuel der Erde.“ (Off. 17.5) Der Kirchenvater Augustinus hatte diesen Text zum Vorbild für sein Zwei-Staaten-Modell gewählt und in seinem „Gottesstaat“ Babylon dem himmlischen Jerusalem gegenübergestellt.

Der Jesuit Matthias Faber ging in seiner Fastenpredigt von 1654 auf diesen Topos von Babylon als dem Zentrum der perversen Welt ein. Er predigte, dass der Teufel in der Fastnachtszeit die Narren und die herumtollenden Jünger des Bacchus täusche. Er stelle ihnen nur alle erdenklichen Lüste, Vorteile und Eitelkeiten vor, ohne dass sie damit etwas anderes als ein schlechtes Gewissen erreichen würden. Und er

---

193 Klersch, J.: Die Kölnische Fastnacht, a.a.O., S. 45

194 ebd., S. 46

195 www.koelschenarrengilde.de/karneval S. 2 vom 12.04.2005

zitiert die Worte des alttestamentlichen Propheten Jesaja über Babylon: „... ich will ausrotten von Babel Namen und Rest, Kind und Kindeskind, spricht der Herr. ...“ (Jes. 14.22)

Babylon als Symbol der Verkehrten Welt war ebenso Symbol dafür, was den Menschen geschah, die an dieser Verkehrten Welt teilnahmen. Und Faber schrieb in seiner Predigt zu Fastnachtsonntag mit dem Titel: „Gastmahl Christi und des Teufels“ weiter: „Beim Gastmahl Christi werden fromme und ehrenhafte Gespräche geführt; beim Gastmahl des Teufels herrschen Torheiten und närrische Reden vor.“[196]

Karneval wurde auch gerne mit dem Bacchusfest verglichen. Es waren wohl die Fassbinder, die dann auch die Bezeichnung Bacchanalia ins Deutsche „übersetzten“ und daraus eine „Faß-Nacht“ machten. Sie fanden Unterstützung bei lateinkundigen Ordenspredigern, wie dem Münchener Kapuziner Geminianus (1677) oder dem Augustiner-Eremit Ignatius Ertl (1708). Diese meinten sogar, dass das Wort Fastnacht auf das Fass des Weingottes zurückzuführen sei.[197]

In diesem Zusammenhang verglich der menschenfreundliche Abraham a Santa Clara (1644-1709), Augustiner-Barfüßer und Meister barocker Redekunst, der unerschöpflich im Wortspiel war, in einer Predigt die Menschen mit Fässern, die mit Most gefüllt waren, und meinte, hin und wieder müsse man ihnen Luft verschaffen, um ein Springen zu verhüten.[198] Auch er gehörte zu denjenigen, die erkannt haben, dass der Mensch für die Spannungen seines Lebens ein Ventil braucht, das eben Karneval ist.

Als die Bezeichnung „Karneval“ 1699 nach Deutschland kam, wurden damit zunächst speziell Maskenbälle an den Höfen und in der gehobenen Gesellschaft bezeichnet. In bescheidenem Maße durfte auch in Klöstern gefeiert werden. Nach dem Bericht einer jungen Kölner Non-

---

[196] zitiert in: Moser, D.R.: Fasching-Fastnacht-Karneval, a.a.O., S. 39
[197] ebd., S. 16
[198] ebd.

ne von 1729 ist es am Donnerstag vor Karneval, der sog. Pfaffenfastnacht, hoch hergegangen. Aus dem Benediktinerkloster St. Mauritius erfahren wir, dass die Fastnacht in voller Lust gefeiert worden sei, und alle Nonnen seien verkleidet gewesen. Am Tag hätten sie getanzt und gesprungen und des Nachts, als die Äbtissin schlafen gegangen war, hätten sie bei Kaffee und Tee Karten und Dame gespielt.[199] Mit dem Einzug der Franzosen und der Auflösung der Klöster verschwand die Pfaffenfastnacht ganz.

Dieser Karneval, der in den Klöstern gefeiert wurde, hatte den Namen „Mützenbestabelung", vielleicht weil die Nonnen auf ihren Hauben eine Karnevalsmütze trugen. Daraus entstand das kölsche „Mötzebestot", das zum Inbegriff der Weiberfastnacht auf den Straßen wurde. Dabei rissen sich die Frauen gegenseitig ihre Mützen und Hüte vom Kopf. Die Gemüseweiber auf dem Alter Markt trieben es dabei am tollsten. Ursprung dieses Brauchs war das „Unter die Haube bringen". Eine Tochter konnte entweder verheiratet oder ins Kloster geschickt werden. In beiden Fällen war sie dann unter der Haube. Mit diesem Karnevalstreiben wehrten sich die Mädchen auf närrische Weise dagegen. Auch dieser Brauch wurde immer wüster, blieb aber bis 1890 bestehen.

Es ist eigenartig, dass z.B. die Kurfürsten von Köln gerne und ausgiebig Karneval gefeiert haben, aber gar nicht damit einverstanden waren, dass ihre Untertanen dies ebenfalls taten. So erließ Joseph Clemens 1723 wieder eine Verordnung, in der es hieß, dass die „Nachts-Gelächter, das Nachtsaufen, die Schwerttänzer, die Mummereien, das Schuhe-Wegnehmen, das Häst-Sammeln und Umbreiten auf Fastnacht und anderen Zeiten des Jahres" mit 2 Mark Strafe belegt würden und mit 5 Mark die „Wirte, die heimlich oder öffentlich Fastnachtsbursen und Gelächter in ihrem Hause anstellen und abhalten". Doch wurde gleichzeitig die Polizeistunde am Rosenmontag gnädigst von 6 auf 8 Uhr heraufgesetzt.[200]

---

[199] Wolf, I., Engelhardt, M.: Von Karneval bis Erntedank, a.a.O., S. 18

[200] Neue Rhein-Zeitung vom 8. Februar 1958: Fastelovend „lebte" – trotz Verbot, Stadtarchiv Bonn 100/2955

Trotzdem wurden Redouten, höfische Maskeraden mit Tanz und Spiel im 18. Jh. auch von Bürgern der Reichsstädte übernommen. In Köln fand eine Redoute erstmals 1736 auf dem Neumarkt statt. Der Stadtrat duldete sie nicht gerne, verbot sie dann, bis sie 1743 eine eigene Ordnung erhielt. Jeder, der eine Redoute veranstalten wollte, musste die Genehmigung des Stadtrates einholen.[201]

Das 17. und 18. Jh. war die Zeit des Absolutismus, so dass es auch aus dieser Zeit pro-karnevalistische Stimmen aus dem Vatikan gibt. So wird von Clemens XI. berichtet, dass er kurz nach seiner Amtseinführung 1701 die Teilnahme von Frauen an Fastnachtsspielen erlaubte. Sein Nachfolger Clemens XII. führte eine Fastnachtslotterie ein, um wieder die Speisungen zu finanzieren.[202]

Berechtigte Klagen gegen den Karneval führte Papst Benedikt XIV. 1748 an. Es sei unerträglich, meinte er, dass hin und wieder Gläubige am Aschermittwoch in ihren Fastnachtskleidern, nur mit einem Überwurf angetan, das Aschenkreuz empfingen und anschließend zu Bett gingen, um erst einmal den Rausch des letzten Fastnachtstages auszuschlafen. Der Aschermittwoch sei gewissermaßen das Tor zum Fasten, und wer den Eingang entweihe, sei nicht würdig, das Heiligtum zu betreten. Dass jemand in Karnevalskleidern zum Altar gehe, widerstreite der schuldigen Ehre der Kirche.[203]

Da Bonn Sitz des kurfürstlichen Hofes war, wurde Karneval hier mit großem Gepränge und Kostenaufwand gefeiert. Im Mittelpunkt standen Theater- und Opernaufführungen. Joseph Clemens ließ eine Komödie vom echten und falschen Prinzen von Arkadien aufführen, an der die gesamte Dienerschaft einschließlich des Küchenpersonals teilzunehmen hatten, wobei die Küchenjungen derb-bayerische Karnevalsarien sangen. Am 6. Februar 1731 veranstaltete der Hof sogar einen aus zwölf Wagen bestehenden Zug, der in originellen Bildern eine

---

[201] Frohn, Christina: Karneval in Köln, Düsseldorf und Aachen 1823 – 1914, Bonn 1999, S. 37

[202] Küster, J.: Wörterbuch der Feste, a.a.O., S. 61

[203] zitiert in: Moser, D.R.: Fastnacht, Fasching, Karneval, a.a.O., S. 22

Bauernhochzeit darstellte.[204] 1760 war sogar der berühmt-berüchtigte Casanova Gast des Kurfürsten beim Bonner Karneval.[205] Noch in seinem Todesjahr 1762 hat Kurfürst Clemens August keinen einzigen Maskenball in Köln versäumt.

Im 18. Jh. war der Karneval in Venedig bereits das, was er auch heute ist: nämlich eine touristische Attraktion. Und Venedig feierte damals wohl ein halbes Jahr Karneval. Die Maskenzeit begann bereits im Oktober, wurde von Weihnachten nur kurz unterbrochen, um nach alter Tradition am 26. Dezember wieder offiziell eröffnet zu werden.

Während der Handel zurückging und die Wirtschaft stagnierte, erkannte die Serenissima die Zeichen der Zeit und setzte auf eine neue Industrie: den Tourismus. Im Jahre 1701 hatte Venedig 140 000 Einwohner. Im gleichen Jahr kamen nicht weniger als 30 000 Touristen, damals höchster Luxus, um den berühmten Karneval in Venedig mitzufeiern.

Zum typisch venezianischen Kostüm gehörte damals wie heute ein Mantel aus schwarzer Seide, der Tabarro, die Kappe, und die Bauta, die bis über die Schulter hinab geht. Einige Bürger tragen auch Mäntel aus rotem oder grauem Tuch. Das Gesicht wird von einer weißen Wachsmaske bedeckt, Volto genannt, die von einem Hut gehalten wird. Auch Frauen tragen seit 1756 diese Verkleidung und sie sind nur an ihren Röcken zu erkennen.[206]

Willehad Paul Eckert meint, dass die weißen Masken, die nur von den Einheimischen getragen werden, an die Toten der Pest-Epidemien erinnern sollen, von denen die Lagunenstadt heimgesucht wurde. Die weißen Masken sind also nichts anderes als Totenmasken. Die auswärtigen Besucher erkennt man an den bunten Masken.[207] Diese „Ma-

---

[204] Schmitz, Johann Ignaz: Die Weiberfastnacht zu Beuel am Rhein, Ein Beitrag zur Geschichte der Heimat, Schriften des Heimatvereins Beuel am Rhein 1949, S. 4

[205] Neue Rhein-Zeitung vom 10. Februar 1958: Fastelovend „lebte“ – trotz Verbot, Stadt-Archiv Bonn 100/2955

[206] Von Müller, A.: Der venezianische Karneval, a.a.O., S. 7

[207] Eckert, Willehad Paul: Totentanz – einst und jetzt, in: Lebenswege – Totentänze,

schera nobile“ hob alle Standesunterschiede auf. Im Karneval waren eben alle gleich.

In Köln erscheint Karneval 1779 wieder in den Urkunden. Der Hof sah es jedoch immer noch nicht gerne, wenn die kleinen Leute ebenfalls feierten. Das zeigt eine Maßregelung des Kurfürsten von 1785. In Bonn hatten sich nämlich aus den ehemaligen Handwerker-Bünden sog. Bände gebildet, kleine Gruppen, die in bunter Verkleidung durch die Straßen zogen. Dieses Treiben missfiel den hohen Herren sehr, worauf es untersagt wurde.[208]

Über den Donnerstag als Vorfeier des Karnevals gibt es aus Köln einen Bericht. „Nachmittags bewegte sich der ‘Bellegeck’, mit vielen Schellen behängt, in den Straßen herum. (Er gilt übrigens als Ahnherr der rheinischen Karnevalsprinzen.) In der Rechten eine Pritsche und in der Linken einen Apfel oder eine Citrone haltend, und begleitet von zwei Musikanten zog er durch die Straßen der Stadt und sagte Sprüche vor den Häusern der Reichen, welche ihm dafür ein Trinkgeld gaben.“[209] Auch durfte er die Leute auf offener Straße verspotten und bloßstellen.[210]

Am „fin de siècle“ gibt uns Johann Wolfgang von Goethe noch einmal eine wunderschöne Beschreibung des römischen Karnevals, an dem er im Jahre 1788, also ein Jahr vor dem Beginn der Französischen Revolution, teilgenommen hat.[211] In seiner „Italienischen Reise“ heißt es über „das römische Karneval“:

„Das Römische Karneval ist ein Fest, das dem Volke eigentlich nicht gegeben wird, sondern das sich das Volk selbst gibt. ... Hier ist nicht ein Fest, wie die vielen geistlichen Feste Roms die Augen der Zuschauer blendete; hier ist kein Feuerwerk ...; hier ist keine Erleuchtung

---

Düsseldorf 2004, S. 111-125, S. 111

[208] Schmitz, J.I.: Die Weiberfastnacht in Beuel, a.a.O., S. 4

[209] ebd., S. 5

[210] Wolf, I., Engelhardt, M.: Von Karneval bis Erntedank, a.a.O., S, 19

[211] Goethe, Johann Wolfgang: Gesammelte Werke in sieben Bänden, herausgegeben von Bernt von Heiseler, Bielefeld o.J., Bd. 7, S. 406 ff.

der Peterskirche und Kuppel ...; hier ist keine glänzende Prozession, bei deren Annäherung das Volk beten und staunen soll; hier wird vielmehr nur ein Zeichen gegeben, dass jeder so töricht und toll sein dürfe, als er wolle, und dass außer Schlägen und Messerstichen fast alles erlaubt sei.

Der Unterschied zwischen Hohen und Niedern scheint einen Augenblick aufgehoben: alles nähert sich einander, jeder nimmt, was ihm begegnet, leicht auf, und die wechselseitige Frechheit und Freiheit wird durch eine allgemeine gute Laune im Gleichgewicht erhalten. In diesen Tagen freuet sich der Römer noch zu unsern Zeiten, dass die Geburt Christi das Fest der Saturnalien und seiner Privilegien wohl um einige Wochen verschieben, aber nicht aufheben konnte."

„Schon von dem neuen Jahre an" hat das Karneval „seinen Anfang genommen". Gleichzeitig bestätigt er, dass noch zu seiner Zeit jeder Karnevalsabend mit einem „Wettrennen der Pferde" auf dem Korso beendet wurde. Er berichtet vom Geschlechtertausch der Männer, die treiben, „was ihnen Laune, Witz oder Unart eingeben" und von Darbietungen, die „mehr Lust als Unwillen" erregen.

Das weibliche Geschlecht blieb keineswegs zu Hause. „Besonders suchen und wissen die Mädchen und Frauen sich in dieser Zeit nach ihrer Art lustig zu machen. Jede sucht nur aus dem Hause zu kommen, sich, auf welche Art es sei, zu vermummen, und weil die wenigsten in dem Fall sind, viel Geld aufwenden zu können, so sind sie erfinderisch genug, allerlei Arten auszudenken, wie sie sich mehr verstecken als zieren."

Die gewöhnlichen Kleider aller Stände müssen als Masken dienen. Der Fremde muss sich gefallen lassen, verspottet zu werden. „Die deutschen Bäckerknechte zeichnen sich in Rom gar oft betrunken aus, und sie werden auch mit einer Flasche Wein in ihrer eigentlichen oder auch etwas verzierten Tracht taumelnd vorgestellt." Es ist eine traurige Tatsache, dass uns Deutschen sehr oft Trunksucht nachgesagt wurde.

Eine Tafel aus dem Spätmittelalter, die in Wien aufbewahrt wird, gibt eine „kurtze Beschraibung der in Europe befintlichen Völckern und ihren Aigenschaften". In dem Kapitel „die zait vertraiben" heißt es: „Spanier – mit spillen, Franzoß – mit betrügen, Ungar – mit mießiggehen, Polack – mit zancken ... Teutscher – mit sauffen." Und das Leben des Teutschen endet im Wein.[212]

Otto Borst hat in seinem „Alltagsleben im Mittelalter" die Frage gestellt: „Eine allgemeine teutonische Freß- und Sauflust?" Und er antwortet: „Man wird sehr sorgfältig zu unterscheiden haben, wo hier mit exaktem, verlässlichem „Beweismaterial" gearbeitet wird und dort lediglich mit „Zuschreibungen", die kräftigem Sozialneid zu verdanken sind."[213]

Dagegen meint Norbert Elias in seinen „Studien über die Deutschen", dass wir die Trunksucht geradezu kultiviert haben. Während für unsere Nachbarn (Franzosen, Engländer, Niederländer) das 17. Jh. eine der glanzvollsten Epochen war, führte diese Zeit in Deutschland zur „Verarmung, auch der kulturellen Verarmung, und einer zunehmenden Verrohung der Menschen.[214] Die eigentümlichen Trinksitten der Deutschen, die im 19. und frühen 20. Jh. im Bierkomment der Studenten fortlebten, haben Vorformen im 17. Jh. (und wahrscheinlich weiter zurück). ... Sie ermöglichten es dem einzelnen, sich in guter Gesellschaft zu betrinken und zu berauschen. Gesellschaftliche Gebräuche, die zum schweren Trinken anregen und die zugleich an eine gewisse Disziplin im Betrunkensein gewöhnen, lassen auf ein hohes Maß an Unglücksgefühlen schließen: offenbar sucht man sich auf diesem Wege eine gesellschaftliche Notlage, die schmerzt, aber der man nicht entrinnen kann, erträglicher zu machen."[215]

---

[212] Fischer-Fabian, S.: Der jüngste Tag, Die Deutschen im späten Mittelalter, München 1988, S. 87

[213] Borst, Otto: Alltagsleben im Mittelalter, Frankfurt am Main 1983, S. 324

[214] Wir dürfen dabei jedoch nicht vergessen, dass dies die Zeit des 30-jährigen Krieges war, der überwiegend auf deutschem Boden ausgetragen worden ist.

[215] Elias, Norbert: Studien über die Deutschen, Frankfurt (Main) 1989, S. 12 ff

Doch zurück zum römischen Karneval und Goethe. Er berichtet von „Tribünen“ für die Zuschauer und dem bunten Karnevalszug der Kutschen; von Konfetti, in Körben getragen, wohl ehemals Kügelchen aus Zucker, jetzt aber vergoldeten oder versilberten Körnern aus Gips, die zu einer ständigen Verteidigung Anlass geben. Die Pulcinellen wählen einen König, setzen ihm eine Krone auf, geben ihm ein Zepter in die Hand und geleiten ihn auf einem kleinen Wägelchen mit Musik und lautem Geschrei durch die Straßen. Goethe ist fasziniert von ihren Masken: der eine trägt eine Perücke, der andere eine Weiberhaube zu schwarzem Gesicht, ein dritter hat einen Vogelkäfig auf dem Kopf mit zwei Vögeln, die „hin und wider hüpfen“.

Es werden kleine Theaterstücke aufgeführt, das Wagenrennen, einst vom Papst eingeführt, findet immer noch statt, wobei es durchaus vorkommt, dass Pferd oder Zuschauer ihr Leben lassen. Am Abend gibt es Theater, Oper und Schauspiele, wobei die Zuschauer ihre Masken ablegen.

Eigenartig ist ein Lichterfest am Fastnachtsdienstag. Aus allen Ecken und Enden tönt es: „Ermordet werde, der kein Lichtstümpfchen trägt!“ Und mit diesem Ruf: „Sia ammazzato!“ versucht jeder, das Licht des anderen auszublasen, seines wieder anzuzünden und vor dem nächsten Ausblasen zu schützen. Nach einem endlosen Gedränge, Gebrülle und Geblase löst sich die Masse auf, „und dieses Fest allgemeiner Freiheit und Losgebundenheit, dieses moderne Saturnal endigt sich mit einer allgemeinen Betäubung.“ Das Volk eilt nach Hause zu einer letzten Fleischmahlzeit vor der Fastenzeit, das feinere ins Theater. Die Mitternachtsstunde macht allem ein Ende. „Ein ausschweifendes Fest“ ist damit vorüber.

Karneval, das sind auch für Goethe „die lebhaftesten und höchsten Vergnügen.“ Doch merkt er an, dass „Freiheit und Gleichheit nur in dem Taumel des Wahnsinns genossen werden können.“[216] Damit bestätigt Goethe auch, dass „Veränderungen“ – und seien sie nur vorübergehend wie in den drei tollen Tagen – von unten ausgehen und

[216] Goethe, J.W. von: Gesammelte Werke, Bd. 7, a.a.O., S. 406-432

nicht von oben. „Das Volk verlangte nach dem „Genuß einer überdrängten und vorbeirauschenden Freude".[217] Bis heute ist es so geblieben. Wer sich nicht zum Volk zählt, sei es, dass er zu fein ist oder zu verklemmt, versucht, diesem Treiben zu entfliehen.

Der Obrigkeit war Karneval immer suspekt. Nach ihrer Ankunft am Rhein 1794 hatten die Franzosen den Karneval anfänglich ganz verboten. Sie witterten darin eine Gefährdung ihrer Sicherheit. Bis 1800 waren alle „Maskeraden, alles Hin- und Herlaufen in den Gassen in Verkleidungen ... in jener Epoche, in welcher aus abergläubischem Missbrauch unvernünftige Menschen, in Larven und Verkleidungen gehüllt, in den Straßen umherlaufen ..." untersagt.[218]

Übrigens haben die Franzosen auch dem venezianischen Karneval den Dolchstoss versetzt, dort allerdings gründlicher als in deutschen Landen. Im Mai 1797 besetzte Napoleon Venedig, und die Serenissa Repubblica hörte auf zu existieren. Die Fastenzeit, die nun begann, dauerte länger als die üblichen 40 Tage. Erst 1980 wurde der Karneval in Venedig wieder zu neuem Leben erweckt.

Im Rheinland dagegen mussten auch die Franzosen einsehen, dass gegen den Karneval kein Kraut gewachsen war. Schon 1795 wurden in Köln Ausnahmegenehmigungen für Maskenbälle erteilt, die allerdings hoch besteuert wurden. Vier Jahre später waren alle Maskenbälle wieder erlaubt. Von der in der Französischen Revolution propagierten Gleichheit aller Menschen war jedoch nichts übriggeblieben. Denn die Bälle, Redouten und Tanzveranstaltungen in der Zeit zwischen Neujahr und Karnevalsdienstag fanden wie früher getrennt „für alle Klassen (...) an verschiedenen Orten" statt.[219]

Den Straßenkarneval versuchten die Franzosen durch Verordnungen in geregelte Bahnen zu bringen. Und so kam es zu der berühmten Verkündigung: „Il est permis au citoyen Bellejeck de faire son tour!" (Es

---

[217] Goethe, J.W. von: Gesammelte Werke, Bd. 7, a.a.O., S. 407

[218] Kölner Stadt-Anzeiger Nr. 10 vom 13.01.1998 – 1823 – Karneval – 1998 Sonderbeilage S. 3

[219] zitiert in: Frohn, Chr.: Karneval in Köln, a.a.O., S. 44

ist dem Bürger Bellejeck erlaubt, seinen Umzug zu machen.)[220] Die Franzosen müssen schon recht nachsichtig gewesen sein oder recht erfahren durch heimatliche Karnevalsfeiern, denn was der königlich-bayerische Hofrat Albert Klebe vom Karneval im Jahr 1800 berichtet, ist weit entfernt von der Begeisterung, wie Goethe sie erfahren hatte.

Klebe meinte: „Alle Wirtshäuser ertönten von Musik und Gläserklang und dem Brüllen und Jauchzen des besoffenen Pöbels. Er treibt sich zu Pferde und zu Wagen auf den Straßen in scheußlichen Masken und Abends bei Maskeraden herum. Allein an diesen maskierten Personen beiderlei Geschlechts konnte man sehen, auf welcher niedrigen Stufe von Bildung und Geschmack das Volk von Cölln noch steht. Auf keiner einzigen der vielen Maskeraden sah ich eine schöne Maske, eine veredelte Gestalt – man sieht hier nichts als Fuhrleute mit schmutzigen Kitteln mit verzerrten Larven und lang herunterhängenden Haaren von Werg oder Flachs, Bauern in schmutziger, plumper Tracht, hässliche Nonnen, schmierige Kaminfeger und altväterlich gekleidete Weiber. In diesem von Tabak, Punsch und Ausdünstungen duftenden Tumult trieb sich der Pöbel aller Klassen mit Entzücken herum, und wenn er dann spät am Morgen durch die schmutzigen, finsteren Gassen besoffen nach Hause taumelt, so war er zufrieden – denn nun hatte er sich doch einmal wieder nach seiner Weise recht lustig gemacht".[221]

Vielleicht verweist die Entrüstung von Hofrat Klebe auf das Dilemma durch die neuen französischen Verordnungen. Die Franzosen hatten nämlich bestimmt, dass jeder, der sich nun verkleiden wollte, eine Maskenkarte zu 6 Stüber kaufen musste. Der Erlös war zwar für die Armenkasse bestimmt, aber wer konnte sich 6 Stüber leisten? Die ärmeren Bewohner Kölns sicherlich nicht. Das bedeutete, dass sich entschieden weniger Bürger maskiert in den Straßen zeigen konnten und so eben unmaskiert feierten. Den Besatzern gab die Registrierung ein Gefühl der Sicherheit, hatten sie doch damit alle Vermummten

---

[220] Stelzmann, A., Frohn, R.: Geschichte der Stadt Köln, a.a.O., S. 256
[221] Sonderbeilage des Kölner Stadt-Anzeigers vom 13.01.1998, S. 18

offiziell erfasst. Die Maskenkarten wurden erst 1851 in Aachen und sogar erst 1870 in Köln abgeschafft.[222]

Die französischen Besatzer nahmen selbst eifrig am tollen Treiben in der Stadt teil. Es heißt, dass 1812 eine Abteilung des napoleonischen Heeres auf dem Weg nach Russland in Köln gerade zur Karnevalszeit Station machte. Alle sollen sich ausgiebig am Karneval beteiligt haben.[223] Und im Januar 1814 verabschiedeten sich die Franzosen mit den Worten: „Adieu jusqu'à la belle saison!“, was frei übersetzt heißen könnte: Auf Wiedersehen zur Fünften Jahreszeit!

Als nach dem Wiener Kongress das Rheinland an Preußen fiel, wurde der Karneval zunächst stillschweigend geduldet. Die Kölner Stadtverwaltung beantragte beim Stadtkommandanten zwar, das öffentliche Maskieren zu verbieten. Der Kommandant ließ das Schreiben jedoch unbeantwortet.[224] Im Wesentlichen übernahmen die Preußen dann die Verordnungen der Franzosen.

Der große Schwung fehlte jedoch wegen der finanziellen Belastungen durch Preußen und die großen Hungersnöte von 1817 und 1818. Doch ist aus dem Jahr 1819 ein Bericht über die Verbrennung des Fastnachtsmannes in Bonn erhalten. Darin heißt es: „Gestern Abend um 9 Uhr fand die feierliche Verbrennung des diesjährigen Fastnachtsmannes statt. Unter gedämpfter Musik und mit zerknirschten Herzen ging der stille, traurige, weißbekittelte, niedergekrämpte und fackeltragende Leichenzug vom Markte aus durch die Hauptstraßen der Stadt und endigte dann auf dem Münsterplatze, wo der Verblichene zur obigen Stunde die letzte Ehrenbezeugung genoß. Er gab – selbst noch im Tode – seinen leidtragenden Freunden einen neuen Beweis seines unsterblich-jovialen Geistes, indem die hülleverlassende Fastnachtsseele, durch starkes Nießen der niedergeschlagenen Versammlung neue Hoffnung zum künftigen Jahr einflößte. - Friede seiner Asche!“[225]

---

[222] Frohn, Chr.: Karneval in Köln, a.a.O., S. 196

[223] Klersch, J.: Die kölnische Fastnacht, a.a.O., S. 69

[224] ebd., S. 80

[225] Neue Rhein-Zeitung vom 10. Februar 1958: Fastelovend „lebte“ – trotz Verbot,

Die weiße Kleidung war wohl dem „Geisterzug" entlehnt, der am Karnevalssamstag durch die Bonner Altstadt zog und an nonnen- und mönchsähnliche Gewänder erinnern sollte. Das Niesen als Zeichen neuer Hoffnung verweist dagegen auf antike Vorstellungen. Damals meinte man, dass sich beim Niesen ein Dämon – ein guter oder böser – aus dem Körper entfernen würde. Auch konnte die Seele dabei aus- und eingehen, d.h. sie war frei und konnte im nächsten Jahr wieder in den Fastnachtsmann eingehen.

Der ursprüngliche Gedanke bei der Verbrennung des Fastnachtsmannes ist der des Sündenbockes. Wenn Sünde „stofflich" gedacht wird, kann sie von einer Gemeinschaft dadurch getilgt werden, dass sie auf ein Tier, einen Menschen oder einen Gegenstand übertragen und dann entfernt wird.[226] Wir haben dieses Verhalten in den Kulturen des Zweistromlandes gefunden. Doch ist es ebenso im Alten Testament zu finden. Der Gedanke der Vertreibung oder Verbrennung der „Sünden" ist jahrtausendelang erhalten geblieben. Wenn heute in Köln der Nubbel am Karnevalsdienstag verbrannt wird (hier eine recht neue Erscheinung aus dem 20. Jh.), wird vorher vor einem „Geistlichen" Anklage gegen ihn erhoben: „Wer ist Schuld, dass wir unser ganzes Geld versoffen haben? Wer ist Schuld am ganzen Alkohol? Wer ist Schuld, dass wir fremd gegangen sind?" Natürlich ist es immer der Nubbel – und dafür muss er brennen.

Die Sehnsucht nach einer glücklichen Welt lässt den Karneval nicht sterben. Und so liegen uns vom Bonner Karneval aus dem Jahr 1820 zwei Berichte vor,[227] wie sie widersprüchlicher nicht sein können, die jedoch in einem übereinstimmen: Es wurde ausgiebig gefeiert! Der Führer der Bonner studentischen Burschenschaft Wolfgang Menzel schrieb begeistert: „Besonders die lustigen Bonner Mädchen unterließen nicht, uns Studenten sogar in unseren Zimmern zu überfallen, und sie liefen dabei keine Gefahr, weil aufs strengste darauf gesehen wurde, dass die Maskenfreiheit nicht verletzt wurde. Wenn die Lus-

---

Stadtarchiv Bonn 100/2955

226 RGG, Bd. 6, S. 506

227 Neue Rhein-Zeitung vom 12. Februar 1958: Fastelovend „lebte" – trotz Verbot, Stadtarchiv Bonn 100/2955

tigkeit so volkstümlich ist und so alle Stände ergreift wie am Rhein, so führt sie auch ihr eigenes Gesetz und ihre eigene Dezenz mit sich, denen sich dann auch jeder Fremde fügen muß. In diesem allgemeinen Volksjubel liegt daher etwas Unschuldiges, und die Länder sind zu beklagen, in denen eine sauertöpfische Altklugheit verbietet, sich einmal recht wie die Kinder zu freuen."

Menzel berichtet aber auch: „Die Rheinländer ließen es sich nicht nehmen, unter dem Schutz der Maskenfreiheit ihrer damaligen Antipathie gegen Preußen Luft zu machen ... In der Fastnachtslust kam es daher einmal vor, dass aus einem großen Menschengedränge eine hohe Stange mit einem von einem Lorbeerkranz umgebenen Stockfisch auftauchte und der bekannte Gesang „Heil dir im Siegerkranz" anhub. Es gab ein großes Spektakel. Als die Polizei endlich in den Menschenknäuel eindrang, verschwand der Stockfisch. Während aber die Polizei noch herumsuchte, begann an einer anderen Straßenecke schon wieder der nämliche Gesang und ragte der bekränzte Stockfisch wieder empor." – Kein Wunder, dass der Karneval in Bonn verboten wurde!

Natürlich gab es dazu die Gegenstimme, die von dem späteren pietistischen Theologieprofessor Hengstenberg, damals Student in Bonn, kam: „Das Volk war in den letzten Fastnachtstagen wie toll. Mich hat der ganze Plunder sehr gelangweilt, zumal da sich in den zahlreichen Maskeraden die Witzlosigkeit des hiesigen Volkes, das mir überhaupt gar nicht witzig scheint, an den Tag legte. Der schönste Witz war noch die Verspottung der Juden. Das Gewühl auf dem Markt war drei Tage lang so groß, dass man kaum hindurchkommen konnte"

In Köln lagen die Dinge anders. Dort unterstützten sogar die Preußen die Gründung jenes „Festordnenden Comitees", in dem im Winter 1822/23 in Köln der „moderne" Karneval geboren wurde. Die Männer, die sich um den damaligen Bürgermeister Heinrich von Wittgenstein Ende 1822 sammelten, trafen sich in der Absicht, „dem Karneval eine edlere, den gegenwärtigen Zeitverhältnissen entsprechendere Form zu geben, ihn geistig aus seiner Versunkenheit wieder emporzuheben, ihn gleichsam poetisch zu gestalten."[228] Sie hören es an der Sprache - es war die Zeit der Romantik!

Die Bürger der Stadt Köln machten den Rosenmontagszug von 1823 zu einem Ereignis, das in ganz Deutschland Aufmerksamkeit erregte. Das war schon was, denn wir müssen bedenken, dass es zu jener Zeit kein „Deutschland" mehr gab. 1806 hatte Franz II. die Krone des Hl. Römischen Reiches Deutscher Nation niedergelegt und nannte sich nun Franz I. von Österreich-Ungarn. Erst mit Wilhelm I. konnte 1871 die deutsche Monarchie wieder ausgerufen werden.

So stand an der Spitze des Narrenreiches der „Held Carneval", der nur im Jahr 1823 „König Karneval" genannt wurde. Da die Polizei gegen die Bezeichnung „König" Einspruch erhob, da man darin eine Beleidigung des preußischen Königs befürchtete, musste er schnell umbenannt werden. So regierte die nächsten Jahrzehnte der Held Carneval sein närrisches Volk.

Den „Held Carneval", eine romantische Gestalt, hatte die „olympische Gesellschaft" unter Wallraf und Noël erfunden. Ihm zur Seite stand Colonia, die Kölsche Jungfrau, die natürlich von einem Mann dargestellt wurde und immer noch wird. Seit dem 17. Jh. war die Jungfrau Symbol der unversehrten Freiheit der Stadt Köln.[229] Ihr Bild lehnt sich an der antiken Vorstellung einer Stadtgöttin an.[230]

Zum ersten öffentlichen Rosenmontagszug gehörten schon die Gruppen der „Hillijen Mägde und Knechte" und die Roten Funken, die auch heute noch am Kölner Karneval teilnehmen. Die Roten Funken sind karnevalistische Nachfahren jener Berufssoldaten, die Mitte des 17. Jh. zur Verstärkung der städtischen Polizei aufgestellt wurden. Von den Bürgern wurden sie als müde, lieber Strümpfe stopfende Gesellen bespöttelt. Zur Erinnerung an diese Zeit trugen die Funken diese alten Uniformen. Hier verband sich die Lust an der Verspottung des

---

[228] Schmitz, J.I.: Die Weiberfastnacht zu Beuel, a.a.O., S. 4
[229] Stelzmann, A., Frohn, R.: Geschichte der Stadt Köln, a.a.O., S. 180
[230] Klersch, J.: Die Kölnische Fastnacht, a.a.O., S. 111

Militärs mit der, eine bunte Uniform mit vielen Auszeichnungen tragen zu dürfen. An die Stelle eines Gewehrs trat das Holzgewehr mit einem bunt-bebänderten Blumenstrauß, statt militärischer Übungen wurde „Stippeföttche" getanzt, bei dem zwei Soldaten singend und johlend den Allerwertesten aneinander reiben.

Die Karnevalszüge wurden eine Mischung aus höfischen Umzügen und kirchlichen Prozessionen. Köln kannte aus seiner Geschichte große Herrscherempfänge und damit verbundene Volksfeste. Durch „Verformung des Zeremoniells" wurde diese Tradition auf den Karneval übertragen. Zur höfischen Tradition gehörten die Musikzüge, der Zeremonienmeister, die Armee in Gestalt der Stadtsoldaten und der Hofnarr.[231]

Zu kirchlichen Prozessionen gehörten die Hillijen Mägde und Knechte", jene Jungen und Mädchen, die bei Sakramentsprozessionen die Heiligenstatuen tragen durften. Auch das „Gecken Bähndchen" (Bernhard) gehörte dazu. Er war der Pritschenmeister der Schützen, die die Ehrenwache des Allerheiligsten bildeten. Während der Prozessionen tanzte das Gecken Bähndchen – wohl in Anlehnung an König David – vor dem Allerheiligsten.[232]

Auf den Erfolg dieses Festes hin versammelten sich die Beueler Wäscherinnen und gründeten ein Damenkomitée, die erste karnevalistische Vereinigung, die von rheinischen Frauen ins Leben gerufen wurde. Beuel (heute ein Vorort von Bonn) war damals ein kleines bescheidenes Fischerdorf und zählte einige Hundert Einwohner. Die Lohnbleicherei war eine harte Arbeit und wurde überwiegend von Frauen verrichtet. Sie wurde trotzdem als Geschenk des Himmels angesehen, weil der Fischfang von Jahr zu Jahr weniger einbrachte. Bürgermeister Stroof hatte gerade in einer Eingabe an den Königlichen Landrat in Bonn auf die „gegenwärtige Geldnotlage" in Beuel hingewiesen.

---

[231] Tenfelde, Klaus: Adventus, Zur historischen Ikonologie des Festzuges, in: Historische Zeitschrift 235 (1982), S. 45-84, S. 60 + 61

[232] Stelzmann, A., Frohn, R.: Geschichte der Stadt Köln, a.a.O., S. 176

Der älteste Ortsteil von Beuel war Honigsheim. Hier wurde das Damenkomitée gegründet. Der Name Honigsmöhne als Bezeichnung der Mitglieder dieses Komitees geht wohl auf diesen Ort zurück. Diese unermüdlich und hart arbeitenden Frauen dachten nicht daran, sich an den tollen Tagen mit Vergnügen und Übermut in den Karneval zu stürzen. Sie wollten lediglich auf ihr hartes Los aufmerksam machen und versuchten sich in Emanzipation, als dieses Wort in den Gehirnen männlicher Wesen noch nicht existierte.

Die Beueler Weiberfastnacht war ausschließlich ein Fest der verheirateten Frauen, die streng darüber wachten, dass sich kein unerwünschter Gast in ihren Kreis einschlich. Sie gaben der Weiberfastnacht durch die Bildung des Komitees, die Wahl der Schultheißin und die Veranstaltung einer Sitzung, deren Programm sie selbst gestalteten, eine bestimmte Form. Es war die Form, die sich im Laufe der Zeit von Beuel aus in vielen Städten und Dörfern des Rheinlandes eingebürgert hat.

Das Fest durfte niemand stören. Es wird berichtet, daß ein braver Hausknecht seiner Herrin einen Blumenstrauß zur Sitzung bringen wollte. Doch beim Eintritt in den Saal wurde er von handfesten Amazonen ergriffen und seiner Beinkleider beraubt, dem Attribut männlicher Kraft und Würde. In Bonn fürchteten sich lange Zeit die Männer, an diesem Tag nach Beuel zu kommen. Doch die Bonnerinnen benutzten die Gelegenheit, um mit ihren Geschlechts- und Schicksalsgenossinnen auf der anderen Rheinseite die Befreiung vom eheherrlichen Joch wenigstens einen Tag gebührend zu feiern.

Der Bänkelgesang war auch zur Weiberfastnacht die ursprüngliche Form, Begebenheiten aus dem öffentlichen Leben oder komische Episoden des Alltags zu glossieren. Doch wurde die Moritat bald von Fastnachtsspielen abgelöst. Haustyrannen und ungerechte Arbeitgeber wurden so dargestellt, dass alle Eingeweihten wussten, um wen es sich handelte. Und der öffentliche Spott wurde zu einer wirksamen Waffe der Wäscherinnen im Kampf um ihre Menschenwürde und Freiheit.[233]

---

[233] Schmitz, J.I.: Die Weiberfastnacht zu Beuel, a.a.O., S. 4 ff

Fast jedes Jahr stand der Karnevalszug in Köln nun unter einem bestimmten Motto. 1824 sollte an den berühmtesten Karneval, nämlich den italienischen, erinnert werden. So erhielt der Held Carneval Besuch von der Prinzessin Venetia, ebenfalls von einem Mann dargestellt. Sie war die Personifizierung des venezianischen Karnevals und hatte „mit innigem Entzücken" von der Thronbesteigung des Helden gehört. Es gab nun einen nordischen Zug, angeführt vom Helden Carneval, und einen südlichen, angeführt von Prinzessin Venetia. Beide vereinigten sich auf dem Neumarkt. Hier wurde der Hanswurst zum Ritter geschlagen und Orden ausgetauscht. Dann zogen beide Züge gemeinsam durch die Stadt. Schöne Damen erhielten Bonbons und Blumen vom Kölschen Hänneschen und seinen Adjutanten.[234]

Die Attraktivität des Kölner Karnevals war so groß, dass schon in diesem zweiten Jahr 312 Taler für wohltätige Zwecke von der Karnevalsgesellschaft gespendet werden konnten – trotz der Ausgaben für die Dekoration des Zuges sowie „für Wagen und Pferde, die Musik, das Schießen und Feuerwerk, Statisten und Mietgebühren für Verkleidungen."[235]

Die Ereignisse in Köln fanden in ganz Deutschland ein lebhaftes Echo. Selbst Goethe begrüßte die Wiedergeburt des Karnevals lebhaft. Eine Einladung zum Rosenmontagszug des Jahres 1825 lehnte er jedoch mit den berühmten Versen ab:

Löblich ist ein tolles Streben,
Wenn es kurz ist und mit Sinn,
Heiterkeit zum Erdenleben
Sei dem flücht'gen Rausch Gewinn!

Doch nicht alle waren von Goethes Engagement für den Kölner Karneval begeistert. So schrieb der große Historiker Niebuhr, Professor an der Bonner Universität, nach Berlin: „Jetzt beginnen bald die Kar-

---

[234] Frohn, Chr.: Karneval in Köln, a.a.O., S. 55

[235] Euler-Schmidt, Michael: Kölner Maskenzüge 1823-1914, hg. v. Werner Schäfke, Köln 1991, S. 35

nevalsnarrheiten, die auch hier auftreten; zu Köln aber hat man sich förmlich die Pflicht auferlegt, die Possen methodisch zu treiben, zumal seitdem Goethe in einer unglückseligen Gütigkeit diese Zuschrift der frostigen Kölner Witzmacher mehr als höflich beantwortet hat. Dorthin ziehen denn die Vornehmen von hier, um es vollständiger zu genießen, als in unserem kleinen Städtchen."[236]

Im Jahre 1825 trat erstmals der Kölsche Bauer auf die Karnevalsbühne, das Sinnbild der Stadt für Wehrhaftigkeit, Stärke und Treue zum Reich. Das Programm des Zuges führte ihn mit den Worten ein: „Der Repräsentant der handfesten Bauerbänke mit den 1288 zu Worringen tapfer vertheidigten Stadtschlüsseln und dem Dreschpflegel."[237]

Der Kölner Karneval war schon etwas Besonderes. So schrieb der Hofpoet der Kölner KG, der katholische Geistliche Wilhelm Smets, 1825 an seine Mutter in Wien: „Das Karnevals-Fest ist vorüber, und aus den Beilagen werden Sie mit Staunen sehen, dass ich, ein katholischer Geistlicher, darin eine sehr ehrenvolle Rolle gespielt habe; so etwas mag den Wienern nicht recht begreiflich erscheinen."[238]

Alle waren darauf bedacht, das Fest zu disziplinieren. Man betonte, dass es ein allgemeines Volksfest war, natürlich nicht, wenn es „als Eigenthum in den Händen des Pöbels sich befindend, zur ekelhaften platten Posse entwürdigt, zum Verdruß aller Bildung auf den Straßen sinnlos herumgaukelt", sondern wenn es „vom Geiste der Ordnung unbemerkt geführt, gleichsam ein Drama aus dem Stegreif bildet und sich in die mannigfaltigsten, komisch-ernsten Situationen verzweigt."[239]

Begeistert beschreibt Johanna Schopenhauer den Kölner Karnevalszug von 1828: „Man muß es sehen, man muß es, von dem allgemeinen Strudel ergriffen, miterleben, um nur daran zu glauben." Und sie be-

---

[236] Neue Rhein-Zeitung vom 13. Februar 1958: Fastelovend „lebte" – trotz Verbot, Stadtarchiv Bonn 100/2955

[237] Euler-Schmidt, M.: Kölner Maskenzüge 1823-1914, a.a.Od., S. 38

[238] Frohn, Chr.: Karneval in Köln, a.a.O., S. 50

[239] Köln. Zeitung vom 15.2.1824

tont die „unsägliche Lust, mit der jeder, selbst ohne zu dem eigentlichen Maskenzuge zu gehören, an dem Maskenscherze teilnimmt und sich in denselben hineinfindet, die harmlose Heiterkeit, mit welcher selbst der persönlich werdende, mitunter ziemlich kecke Scherz aufgenommen und, ohne Erbitterung zu erregen, durch einen ähnlichen erwidert wird.“[240]

Die Reglementierung des Karnevals und die ständigen behördlichen Verordnungen zeigen die Angst der Oberen, dass das Fest aus dem Ruder laufen könnte. Ausdrücklich wurde betont, dass der Karneval die ständische Ordnung nicht aufhob. „Der gewöhnliche Rang bleibet, und jeder Stand behält seine angehörigen Rechte, die nie verletzt werden dürfen. Eine Verletzung der gebührenden Achtung derselben entschuldigt keineswegs der Karneval, und den Frevler trifft die gewöhnliche Strafe. So fordern es unsre heutigen kirchlichen und politischen Einrichtungen, die, wie auch der minder Scharfsinnige bemerken kann, von denen unserer Väter und der alten Römer sehr verschieden sind.“ Deshalb sei zu hoffen, dass der Kölner Karneval auch anderswo eingeführt werde, damit er „jene zügellosen, allen Anstand und Sitte verletzenden Ungebehrdungen der niederen Volksklassen“ verdrängen könnte.[241]

Und er wurde eingeführt! Nach dem Vorbild Kölns entstanden auch in anderen rheinischen Städten Karnevalsgesellschaften, die sich jedoch durch ihre „ständeüberwindende Tendenz“ [242] auszeichneten und den Karneval reformierten: so 1824 in Koblenz, 1825 in Düsseldorf, 1826 in Bonn. In Bonn wurde 1828 der erste und zunächst einmal letzte „glänzende Fastnachtszug“ auf die Beine und Räder gestellt.[243] Denn als König Friedrich-Wilhelm III. (1797-1840) davon hörte, empörte oder beunruhigte ihn diese Nachricht zutiefst: „In einer Universitäts-Stadt kann dieser anomalischen in polizeilicher Hinsicht bedenklichen

[240] Schopenhauer, Johanna: Das Kölner Carneval, in: Ausflug an den Niederrhein und nach Belgien im Jahr 1828, hg. v. Karl Bernd Heppe und Annette Fimpeler, Essen 1987, S. 244

[241] zitiert in: Frohn, Chr.: Karneval in Köln, a.a.O., S. 188

[242] Frohn, Chr.: Karneval in Köln, a.a.O., S. 74

[243] Schmitz, J.I.: Die Weiberfastnacht zu Beuel, a.a.O., S. 4

Volkslustbarkeit niemals nachgegeben werden, am wenigsten in der Universitätsstadt Bonn; überhaupt aber bestimme Ich hierdurch, ... daß dergleichen Maskeraden in den Rheinprovinzen nur in denjenigen größeren Städten erlaubt sein sollen, wo sie von Alters her herkömmlich stattgefunden haben."[244]

Studenten und Professoren waren in Bonn wohl zu „fortschrittliche" Denker. Da war dem König Karneval zu gefährlich. Einige Bonner Bürger versuchten mit Petitionen, eine Wiederzulassung zu erreichen. Doch es blieb bei dem Verbot. Eine im gleichen Jahr vom Bonner Bürgermeister erlassene Verfügung brachte dem Bonner Karneval den völligen Garaus. Denn sie verbot nicht nur den Rosenmontagszug sondern jede Maskerade auf der Straße und in öffentlichen Lokalen. Das bedeutete, dass selbst die uralten Maskenbälle nicht mehr stattfinden durften. Aber die Bonner Bürger feierten weiter in eigenen Sälen wie der Lesegesellschaft. Der „geliebte" Landesvater musste erst das Zeitliche segnen, ehe das Verbot 1843 von seinem Nachfolger „versuchsweise" aufgehoben wurde.[245]

Es könnte sein, dass in Aachen der Elferrat erfunden worden ist. In den Statuten von 1829 wurde dort festgelegt, dass es „elf Würdenträger" geben sollte.[246] In Köln ist die Jeckenzahl erst um 1830 belegt, „jedenfalls nicht vor 1828".[247] Zuvor bestand das Karnevalskomitee aus 15 Personen.

Dabei ist die Elf als Jeckenzahl bereits im 16. Jh. anzutreffen. Sie ist die erste Zahl, die die Zehnzahl der 10 Gebote überschreitet. Deshalb bezeichnet sie diejenigen, die die Sittengesetze übertreten. Gleich-

---

[244] Frohn, Chr.: Karneval in Köln, a.a.O., S. 248

[245] Neue Rhein-Zeitung vom 13. Februar 1958: Fastelovend „lebte" – trotz Verbot, Stadtarchiv Bonn 100/2955

[246] Crous, Helmut: Karneval in Aachen. Wie er wurde. Wie er war. Wie er ist. Närrische Kur seit 1133. Aachener Karnevalsverein 1859-1959, Aachen 1959, S. 31 + S. 42

[247] Fuchs, Peter, et al.: Kölner Karneval, Seine Bräuche, seine Akteure, seine Geschichte, 175 Jahre Festkomitee des Kölner Karnevals von 1823 e.V., Köln 1997, S. 179

zeitig gilt sie als Mahnung, dass es Zeit ist, umzukehren, es ist sozusagen „kurz vor zwölf".[248] Die Deutung entsprechend dem Motto der Französischen Revolution E(galité), L(iberté), F(raternité) liest sich zwar gut, kommt aber wohl zu spät.

Eine schöne Erklärung für Köln sind die elf Tränen im Stadtwappen für die 11 000 Jungfrauen, die im Jahre 452 mit der Hl. Ursula von den Hunnen vor Köln umgebracht worden sein sollen. Eine bessere Erklärung für den 11.11. gibt der Hinweis, dass dieser Tag eine alte „Fastnacht" war, nämlich die vor der vorweihnachtlichen Fastenzeit, die es in der alten Kirche gab. Dieser Vorabend war wieder gekennzeichnet von Festessen (Martinsgans) und Gelagen, Laternenumzügen und den Heischgängen der Kinder. Martinstag und Fastnachtsdienstag treten damit in eine enge Beziehung.[249]

Doch zeigt sich auch beim 11.11., dass die Kölner für alles und jedes eine gute Erklärung zur Hand haben. So schreibt Edmund Stoll 1840 über die 11: „Die Nummer Elf bezeichnet dem Kölner die lustige Narrheit; denn dem tiefer Schauenden ruft sie zu: **E**i, **l**ustig, **f**röhlich!" ... Sie ist das Zeichen der Eintracht, denn ihre Rechte spricht wie ihre Linke; der Beständigkeit, denn sie endigt, wie sie anfängt; der Schönheit, denn sie zeigt Einheit in der Mannigfaltigkeit und Mannigfaltigkeit in der Einheit; des Unbegreiflichen, denn die Hälfte von XI ist sechs; ja, sogar des Heiligen, denn nach Leibnitzens Dyadik ist 11 drei. Konnte der heitere Kölner sich ein schöneres Zeichen wählen?! Kommt nun noch dazu, dass das kölnische Gebot eigentlich das elfte ist, welches so lautet: „Laß dich nicht verblüffen – und biete höchstens die Hälfte!" dann kann von anderen Erklärungen der Nummer Elf aus den elf Funken oder Flämmchen im Stadt-Wappen, den elf Tausend Jungfrauen ec. wohl füglich abgesehen werden."[250]

Knies und Klüngel bestimmen auch den Karneval. So sollte 1833 der elfte Karnevalszug in Köln besonders feierlich begangen werden.

---

[248] Moser, D.R.: Fastnacht, Fasching, Karneval, a.a.O., S. 178
[249] Küster, J.: Wörterbuch der Feste, a.a.O., S. 123
[250] zitiert in: Frohn, Chr.: Karneval in Köln, a.a.O., S. 102

Doch musste er ausfallen – die Mitglieder konnten sich nicht auf ein Motto einigen. Die kleineren „privaten“ Maskenumzüge brachten zwar „schwärmendes, lärmendes, neckendes Leben auf die Straßen“, seien aber nicht sehr anständig und ohne allen Witz gewesen. Und eine Vorstellung im Gürzenich erregte die Gemüter wegen der zahlreichen Anspielungen auf bekannte Persönlichkeiten. Also sprach man sich „im Namen aller Festtheilnehmer ... auf das kräftigste gegen allen Unfug persönlicher Verunglimpfung“ aus.[251]

Immer wieder wird in den Verordnungen betont, dass es maskierten Personen ausdrücklich verboten war, „die Ehrbarkeit durch Äußerungen oder Gebährden zu verletzen, Veranlassung zu Streitigkeiten zu geben oder sonst auf irgendeine Weise die öffentliche Ruhe zu stören“. Ebenso war das gewaltsame Eindringen in Häuser und Läden zwecks „Heischens“ verboten wie auch jede Verletzung der guten Sitten.[252] Auch durften Maskierte nicht beleidigt oder gar tätlich angegriffen werden. Es musste eben alles getan werden, damit „Ruhe und Ordnung“ gewahrt blieben. Da diese Verbote fast jährlich erfolgt sind, waren sie wohl auch immer vonnöten.

Die Spaltung des Kölner Karnevalvereins 1842 bzw. 1844 war das Ende des romantischen Karnevals. Die Krise führte zu einer zunehmenden Politisierung. Es gab nun ein Festordnendes Parlament, dessen Mitglieder aus liberal eingestellten Männern bestand. Der andere Teil der alten KG nannte sich „Eisenritter“. Diese Männer waren mehrheitlich demokratisch gesinnt und forderten einen zeitgemäßen Karneval mit politischen Themen.[253]

Nun konnte darüber gestritten werden, welche die „wahre“ Karnevalsgesellschaft war. Und 1844, 1845 und 1883 gab es – mangels Einigung – sogar zwei Umzüge. Das Eingreifen des Bürgermeisters bewirkte die Gründung eines gemeinsamen Maskenzug-Comitees im Jahre 1888. Vor allem aber bewilligte die Stadt von nun an einen Zu-

---

[251] Frohn, Chr.: Karneval in Köln, a.a.O., S. 128
[252] ebd., S.189
[253] ebd., S. 133

schuss von 1500 Mark. Das Festkomitee wurde zu einer festen Institution.[254]

In Bonn wurde zur Finanzierung des Karnevals 1843 eine „Generalversammlung der Freudenaktionäre“ abgehalten, die „Freudenaktien“ für zwei Taler ausgab, eine Pappscheibe mit der Lithographie des mit der Bonna tanzenden Hanswurstes. Kein geringerer als Gottfried Kinkel hatte ein Jahr zuvor die Bonner Bevölkerung in einem Aufruf ermahnt, in Eintracht dieses schöne Fest rheinischer Fröhlichkeit zu begehen.[255] Er erwartete von dem Fest einen Ausgleich der krassen Bildungsunterschiede, die eine so tiefe Kluft in das Volk reiße, denn Bürger und Studenten standen sich in anderen Städten recht feindlich gegenüber. Kinkel, damals Privatdozent für evangelische Theologie an der Bonner Universität, erhielt vom Presbyterium eine Rüge für sein Engagement im Karneval. Die evangelische Kirche lehnte das närrische Treiben nach wie vor kompromisslos ab.

Kinkels Kollegen Bruno Bauer, umstrittener Professor für evangelische Theologie, trafen die Folgen seiner Karnevalsfeier schlimmer. In einem Brief an seinen Bruder schrieb er: „Zu Fastnacht war ich fast eine Woche in Cölln. Furchtbaren Unsinn getrieben! Auf der Straße habe ich einen dritten Theil der Posaune aufgeführt und köstliche Abenteuer erlebt, bis ein frommer Katholik zuletzt an mich herantrat und mit gläubiger Entrüstung mir eröffnete, daß man den Posaunenbläser erkannt habe. Als ich zurückkam, wußte die Facultät schon alles.“ Noch im März wurde Bauer wegen seiner umstrittenen Lehrmeinung aus dem Lehramt entfernt.[256]

Der Aufruf Kinkels hatte in Bonn Erfolg, und es gab vier Jahre hintereinander prächtige Rosenmontagszüge. Auf einem Wagen zog „die gute Stadt Bonn selber“ ein, also die erste Bonna, die bis 1929 von einem Mann dargestellt wurde. Auch die „Leibgardistengilde des Hanswurstes“ war da, die Vorläufer der Bonner Stadtsoldaten, die sich

---

[254] Frohn, Chr.: Karneval in Köln, a.a.O., S. 141

[255] Neue Rhein-Zeitung vom 17. Februar 1958: Fastelovend „lebte“ – trotz Verbot, Stadtarchiv Bonn 100/2955

[256] Frohn, Chr.: Karneval in Köln, a.a.O., S. 369

erst 1873 offiziell formierten. Ihre Uniformen waren jenen Hatschieren nachgebildet, die die Leibgarde der Kurfürsten gestellt hatten (daher gibt es in Bonn noch die Hatschiergasse).[257] 1846 wurde als Gegenstück zur Enthüllung des Beethovendenkmals im Jahr zuvor ein entsprechendes Monument mit dem Narrenfürst Hanswurst im Zug mitgeführt.[258]

Prinz Friedrich Karl von Preußen studierte ab 1847 in Bonn. Er war ein Neffe des preußischen Königs, der ihm ausdrücklich untersagt hatte, zum Karneval nach Köln zu fahren. Immerhin gab es seit 1845 eine Eisenbahnverbindung zwischen Köln und Bonn. So blieb er denn gehorsam in Bonn und berichtete seinem Vater: „Der Karneval in Cöllln ist elend ausgefallen. Der Zug der sog. Cappenfahrt war durch schlechtes Wetter gestört. ... Excesse sollen nicht vorgekommen sein. Ich bin nicht in Cölln gewesen, um den ausdrücklichen Wünschen des Königs zu entsprechen. Dagegen habe ich mich Fastnachtsabend in Bonn bei Professor Walter sehr gut unterhalten. ... Erst um ½ 1 Uhr trennte sich die heitere Gesellschaft. ... Die niedere Volksklasse war sehr schwer angetrunken. ... Es ist merkwürdig, wieviel Takt die Populace doch eigentlich besitzt, denn sie thut auf der Straße niemandem, der ihr nicht gleich steht, etwas zu Leide ...“[259]

Am Vorabend der Revolution von 1848 waren die Behörden natürlich besonders nervös. Da erreichte auch noch ein Schreiben aus Köln das Berliner Innenministerium, in dem es hieß, das Karnevalstreiben sei grässlich, die „ordinären Narretheien“ richteten sich gegen Persönlichkeiten, die protestantische Behörde und die Regierung. „Ein solch fortwährendes Darstellen aller Beamten als dumm und schlecht, verbunden mit der Annahme, dass sie auch feige und kraftlos seyen, dass man sie in keiner Weise zu fürchten brauchte, eine solche öffentliche Vorlesung über Alles, was Zwietracht zwischen den Freunden und Ständen zu erregen im Stande ist, mit der Absicht, diesen Zwiespalt

---

[257] General-Anzeiger Bonn vom 19. Januar 1951: Damals wie heute: die Hatschiere

[258] Josef Dietz: Seit Jahrhunderten wird auf die Tromm gekloppt (VI), Bonner Stadtarchiv 100/2955

[259] Luther, Helmut: Friedrich Karl von Preußen, Das Leben des „roten Prinzen“, Berlin 1995, S. 26

wirklich zu erregen zu nähren, zu verschlimmern, - das scheint mir denn doch die Grenzen des in Köln Zulässigen zu überschreiten."[260]

Die Kölner beeilten sich, die Sache richtig zu stellen. Es fänden „allerdings ungezogene Späße, in verdeckter Weise auch gegen Behörden und deren Maßregeln" statt, aber davon seien keine Ausschreitungen zu erwarten. „Die Sache bewegt sich in den hergebrachten plumpen Karnevals-Witzen, die auch früher keineswegs gegen Behörden und deren Maßregeln gespart worden sind." Berlin beruhigte sich, obwohl ein Polizist an Weiberfastnacht „verhöhnt und misshandelt" worden war. Er hatte einen Schneeball mit einem Eisstück abbekommen.[261]

Als Deutschland wieder einen Kaiser erhielt, wurde in Köln 1872 aus dem Helden der Prinz Karneval. Das war unverfänglicher angesichts der nationalen Begeisterung. Die Bezeichnung Held wurde nun als unpassend angesehen, da man in ihr eine Verspottung der Gefallenen bzw. auf den Kult um die Gefallenen hätte sehen können. Der Titel Held hätte im neuen deutschen Reich fast blasphemisch geklungen.[262]

In den Jahren nach 1872 organisierten Karnevalsfreunde in Berlin öffentliche Maskenzüge. Da wurden nicht nur katholische Mönche karikiert sondern auch der Kulturkampf parodiert. 1876 sprach sich der Innenminister persönlich dafür aus, dass der Zug nicht hinter der katholischen Kirche zum Werderschen Markt gehen dürfte. Er befürchtete wegen der Masken und Anspielungen Provokationen und Ausschreitungen.[263]

Seit 1883 gibt es das Kölner Dreigestirn. Doch ließ sich der Held Carneval nicht so schnell verdrängen, was an dem jeweiligen Motto der Umzüge zu sehen ist. Auch spiegeln sich darin die politischen Gege-

---

[260] Zitiert in: Frohn, Chr.: Karneval in Köln, a.a.O., S. 320

[261] Frohn, Chr.: Karneval in Köln, a.a.O., S. 320

[262] Prass, Ilse, Zöller, Klaus: Vom Helden Carneval zum Kölner Dreigestirn: 1823 – 1992, Köln 1993, S. 21

[263] Frohn, Chr.: Karneval in Köln, a.a.O., S. 369

benheiten wider. So stand der Karneval von 1885 im Zeichen des „Kolonialfiebers" mit dem Motto „Held Carneval als Colonisator".[264]

Neben diesen von Begeisterung und Einfallsreichtum getragenen Karnevalsfesten finden sich immer wieder Klagen und Entrüstungen. 1891 schrieb der Kölner Erzbischof an den Oberpräsidenten der Rheinprovinz, dass in den letzten Jahren „in Köln, Düsseldorf und Bonn der Fasching in den Straßen und Wirtshäusern an den Karnevalstagen durchweg in den wüstesten Ausschreitungen ausgeartet ist". Die gemeinsten, zotigsten Lieder seien gesungen und Frauen „in unerhörter Weise" belästigt worden. Sogar die Schulkinder hätten diese Lieder nachgesungen.[265]

Die Aufregung des Erzbischofs ist heute noch verständlich. Ein Lied lautete z.B.:

Der Herr Pastor zum Zeitvertreib
Legt sich zu seiner Magd,
„Denn ich hab auch ein Ding am Leib"
Hat er ihr oft gesagt.

Und in der That, sein Schwanzel war
Zwei handbreit sicher lang.
Deß freute sich die Trina gar
Sie lachte sich fast krank.

Und dick wie eine Zuckerrüb
Der Pilz des Pastors stand,
Wie hat die Trina ihn so lieb
Sie strich ihn mit der Hand.

Der Pfaffe sprach: „Hinlege dich,
Ich geb dir meinen Samen,

---

[264] Frohn, Chr.: Karneval in Köln, a.a.O., S. 168
[265] ebd., S. 375

Nun recke dich und strecke dich
In Gottes Namen. Amen."[266]

Der Erzbischof forderte, man möge ihm „bei seinen Bemühungen zur Verhütung und Heilung solcher sittlicher Schäden starke und hilfreiche Hand leisten". Die Polizei meinte dagegen, es sei gefährlich, diese Leute auf die Wache zu führen. Sie würden falsche Adressen angeben, die Beamten verspotten und da sie betrunken seien, würden sie sich einer Abführung widersetzen. Und wie so oft: jeder sieht das Problem ein, aber nichts geschieht.

Auch war es in Köln üblich, dass maskierte Gruppen auf der Straße Vorstellungen gaben. Sie benutzten dabei die Gelegenheit, „im Laufe des Jahres vorgekommene Stadtlächerlichkeiten" zu geißeln und gar „einzelne Persönlichkeiten portraitgetreu zu kopieren." Um Ärger zu vermeiden, erließ das Kölner Festkomitee 1892 einen Aufruf, u.a. das „Einschlagen der Hüte", das Belästigen von Frauen und das Singen anstößiger Lieder zu unterbinden. Und siehe da: „Auch die Straße ließ sich zähmen".[267]

Bei der Wahl der Verkleidung mussten nach wie vor bestimmte Vorschriften beachtet werden. So war es nicht erlaubt, Masken, „welche gegen die Religion und die guten Sitten anstößig, für Gegenstände der öffentlichen Achtung und für obrigkeitliche und Privat-Personen beleidigend sind" zu tragen.[268] Ebenso wurde immer noch der Geschlechtertausch angeprangert. Man befürchtete wohl eine Versammlung aller Homosexuellen Deutschlands beim rheinischen Karneval. In Düsseldorf wurde 1901 das Erscheinen von Männern in Frauenkleidung und umgekehrt an den Karnevalstagen ausdrücklich verboten. Es kam zu zahlreichen Anzeigen.[269]

In Aachen wurde der Karneval als heidnisches Überbleibsel angeprangert, das einer christlichen Gesellschaft in sittlicher wie in sozialer

---

[266] Frohn, Chr.: Karneval in Köln, a.a.O., S. 376
[267] Aufruf des Festkomitees im Stadt-Anzeiger der Köln. Ztg. v. 28.2.1892
[268] Frohn, Chr.: Karneval in Köln, a.a.O., S. 195
[269] ebd., S. 196

Hinsicht unwürdig sei: „Unter der Maske und der unzüchtigen Kleidung feiert die Unzucht ihren höchsten Triumph an diesen tollen Tagen.“ In der Beschwerde 1885 an den Oberbürgermeister hieß es wieter, man singe „schlechte Lieder“ und verspotte sogar die Heiligen. Für viele bringe der Karneval den finanziellen Ruin und die Pfandhäuser hätten Hochkonjunktur. Auch die Entheiligung des Sonntags sei den Narren zuzuschreiben.[270]

In Düsseldorf erschien 1887 eine Broschüre mit dem Titel „Wider den Karneval“. Der evangelische Pfarrer Petersen begründete darin den Kampf gegen das verwerfliche Treiben sowohl theologisch wie biblisch. In Bonn wurden alle Mitglieder der evangelischen Gemeinde aufgerufen, sich nicht am Karneval zu beteiligen. Und 1899 führte das Motto des Düsseldorfer Karnevals „Das feuchtfröhliche Weltall“ zu einem Sturm der Entrüstung in protestantischen Kreisen. Man sah darin eine Verherrlichung von Laster und Alkoholismus. Doch auch katholische Moralisten meinten, dass Karneval verwerflich werde, wenn er das richtige Maß und die sittlichen Grenzen überschreite.[271]

Um die Jahrhundertwende wollte vor allem Düsseldorf den Straßenkarneval zurückdrängen. Pietisten und Protestanten machten den Behörden und den Narren das Leben schwer. Der Karneval war eher eine Sache der katholischen Mittelschicht. Die zugezogene weitgehend protestantische Oberschicht und die Beamten hatten keine Beziehung zum Karneval und blieben lieber unter sich. Die städtischen Maskenbälle wurden „Hurenbälle“ genannt.

Der Erzbischof von Köln Krementz warnte in einem Fastenbrief 1891 ausdrücklich vor den Gefahren des Karnevals. Die Kirche sei zwar keine „Feindin der Fröhlichkeit und Erholung, eher des Trübsinns und des finstern Ernstes“, aber die Freude solle „im Herrn“, eine „von Gott erlaubte“ sein. Und er empfahl allen Narren, an den Karnevalstagen an einem 40-stündigen Gebet teilzunehmen, das eigens dazu abgehalten

---

[270] Frohn, Chr.: Karneval in Köln, a.a.O., S. 372
[271] ebd., S. 370

wurde.[272] Dagegen war Bischof Paul Leopold Haffner (1886-1899) von Mainz der Ansicht, er halte Karneval für „eine höchst christliche und wahrhaft katholische Institution und würde fast eine Ketzerei darin sehen, wenn man ihn abschaffen wollte".[273]

Im Jahr 1901 erhöhte der Stadtrat von Köln seinen Zuschuss für den öffentlichen Umzug auf 5000 Mark. Man war der Meinung, dass es leichter sei, den öffentlichen Karneval mit einem Zug in geordnete Bahnen zu lenken als ohne ihn. Doch gab es strenge Regeln: Von den Wagen durften keine Flaschen und Gläser, keine Papierschlangen und kein Konfetti geworfen werden. Es war verboten, auf den Wagen oder im Zug Feuerwerkskörper abzubrennen. Die Wagenführer durften sich nicht vom Zug entfernen und nach Beendigung des Zuges nicht durch die Straßen ziehen.[274]

Es kam zu ständig neuen Beschränkungen. In Köln war der Gebrauch misstönender Instrumente sowie das Musizieren, Singen und Schreien in der Öffentlichkeit nach 23 Uhr grundsätzlich verboten. Vor allem die „halbwüchsige Jugend" sollte von der Straße gehalten werden, denn sie gebärde sich besonders wild. In Düsseldorf wurden wüstes Schreien und misstönende Instrumente ganz verboten, und Musizieren und Singen waren nur noch bis 21 Uhr erlaubt.[275]

Mit dem Aufkommen politischer Parteien verschoben sich die Feindbilder. In Berlin erschien seit 1875 der „Vorwärts", das „Zentralorgan der neuen proletarischen Sammelpartei SPD". 1904 veröffentlichte er eine Nachricht über den traditionellen Kölner Lichtmessball und beklagte, dass sich „öffentliche Dirnen und zweifelhafte Personen" Zugang verschafft hätten und es unter den Augen von Polizei und Stadtverwaltung zu zahllosen „Schamlosigkeiten" gekommen sei.

Immerhin erreichten sie ein Verbot des Balles für die Zukunft. Doch der Kölner Polizeipräsident warf den Sozialdemokraten vor, sie hätten

---

[272] Kirchlicher Anzeiger 1891, S. 18
[273] Küster, J.: Wörterbuch der Feste, a.a.O., S. 61
[274] Frohn, Chr.: Karneval in Köln, a.a.O., S. 170
[275] ebd., S. 197

versucht, den „Geist“ des Karnevals zu diskreditieren, um bei den Lesern den Eindruck zu erwecken, „als ob derartige Auswüchse auf sittlichem Gebiete eine Frucht klerikaler Erziehung und wesentliche Begleiterscheinung des spezifisch katholischen Karnevals im <heiligen Cöln> seien“.[276]

Im Jahr darauf zitierte die Rheinisch-Westfälische Zeitung am 21. 2. 1905 das Kölner Festkomitee, das zu der Ansicht neige, die Ausschreitungen auf dem Ball 1904 seien „bestelltes Arbeiten gewesen ..., um den Kölner Karneval zu verdächtigen und der Behörde Anlaß zum Einschreiten zu geben.“ Doch auch der Erzbischof beriet sich mit seinen Pfarrern, wie man den Gefahren des Karnevals begegnen könnte. Die Antwort war überall die gleiche: da man den Karneval nicht unterdrücken kann, müssen die Gläubigen vor einem Übermaß an Vergnügen gewarnt werden.

Auch die Versuche von protestantischer Seite, durch Eingaben bei den Stadtverwaltungen, der Polizei oder gar in Berlin ein Verbot des Karnevals zu erreichen, da er sittlich und sozial verwerflich sei, fanden kein Ende, wohl auch, weil sie immer erfolglos blieben. In einem Schreiben an den Kölner Polizeipräsidenten im Januar 1905 heißt es, man solle den Karneval von Weiberfastnacht bis Karnevalssamstag verbieten: denn drei Tage „Schweinerei“ seien genug![277]

Wie sehr der Karneval in Köln in der Bevölkerung verwurzelt ist, zeigt sich vor allem daran, dass hier bis zum Ausbruch des Ersten Weltkrieges dreimal so viele Umzüge stattfanden wie in Düsseldorf, während es z. B. ab 1911 in Aachen keinen Zug mehr gab, und das wegen der Teilnahmslosigkeit der Menschen.[278]

Mit dem Ersten Weltkrieg änderte sich Vieles. Bis 1926 fielen die Karnevalszüge aus. Den Menschen war nicht nach Feiern zumute. Dem Kölschen Bauer wurde eine neue Aufgabe zuteil: Man stellte ihn

---

[276] Frohn, Chr.: Karneval in Köln, a.a.O., S. 381
[277] ebd., S. 380
[278] ebd., S. 171

als mächtige Holzfigur vor dem Gürzenich auf, so dass jedermann ihn benageln konnte „zum ewigen Gedächtnis später Geschlechter". Nach dem Motto „Hammer sei Deutschland, Amboss der Feind" wurden in ganz Deutschland und Österreich-Ungarn hölzerne Tafeln oder Skulpturen aufgestellt. Die Daheimgebliebenen konnten gegen Entgelt einen eisernen Nagel einschlagen (gegen Aufpreis auch einen in Silber oder Gold). So wurden Spenden für die Kriegswohlfahrt eingetrieben. Es brach eine regelrechte Nagelungsmanie aus. Diese Nagelungsaktionen sollten die „Solidarität von Heimat und Front bzw. die Verbundenheit der Zivilbevölkerung mit ihren Soldaten und deren Hinterbliebenen demonstrieren."[279]

Dieser „Kölsche Bor en Ieser", wie er heißt, steht heute im Kölner Stadtmuseum. Er ist über und über mit Nägeln übersät, nur den Kopf hatte man frei gelassen. Besonders großzügige Spender durften eine kleine eiserne Tafel mit ihrem Namen anbringen. In Köln wurde für die Verwundeten sowie die Kriegswitwen und –waisen gesammelt.

Auch die Weltwirtschaftskrise legte 1931 und 1932 die Karnevalszüge lahm. Die Machthaber des Dritten Reiches versuchten mit allen Mitteln, für den Karneval des christlich-jüdischen Umfeldes einen alt-germanischen Ursprung herzustellen. So stand in der Ausgabe des „Alemannen" vom 01.02.1939, „daß die deutsche Fasnacht in die ältesten Zeiten deutschen Volkstums" zurückgehe. Und natürlich gab es Forscher, die bestätigten, dass der Karneval in Mainz, Rom und Venedig, Rio und Buenos Aires auf ein germanisches Frühlings- oder Fruchtbarkeitsfest zurückgehe.[280]

Das Tanzmariechen in Köln und in den anderen Städten musste seit 1936 weiblich sein. Das haben wir Hitler zu verdanken, der Angst vor Homosexuellen und Transvestiten hatte und deswegen auch die traditionellen Aufführungen der „Cäcilia Wolkenburg" verbot. Dabei hatten die Mitglieder des Kölner Männer-Gesangvereins schon 1842 ein

---

[279] Goebel, Stefan: „Hammer sei Deutschland, Amboss der Feind": Propaganda und Bürgersinn im Ersten Weltkrieg, Vortrag gehalten am Historischen Centrum Hagen am 24.03.2004

[280] Moser, D.R.: Fastnacht, Fasching, Karneval, a.a.O., S. 16

erstes „Divertissementchen“, wie sie ihre Theaterstücke nannten, aufgeführt und seitdem jedes Jahr zu Karneval ein neues Stück herausgebracht.

Selbst die Kölsche Jungfrau musste entsprechend den national-sozialistischen Vorstellungen in den Jahren 1938 und 1939 von einer Frau dargestellt werden. Nach dem Krieg versuchten Männer, wieder ein männliches Tanzmariechen einzuführen. Aber die Zeit war reif für Emanzipation – wenigstens auf diesem Sektor.[281]

Karneval ist immer auch ein Kind seiner Zeit und dokumentiert Zeitgeschichte. Die gern zitierte Behauptung, der Kölner Karneval sei eine Insel des Widerstands gegen das NS-Regime gewesen, ist durch nichts zu beweisen. Im Gegenteil, bei Sitzungen und Umzügen wurde „hemmungslos nationalsozialistisches Gedankengut verbreitet“.[282] Sitzungen wurden mit Hitlergruß und Horst-Wessel-Lied begonnen. Stehend wurde im Gürzenich die Wiederbewaffnung besungen. Die Prinzengarde organisierte Aufmärsche fürs Winterhilfswerk. Schon 1934 wurde der Rosenmontagszug zur Verspottung der Juden missbraucht. Bei diesem „deutschen Volksfest“, wie es im NS-Jargon hieß, machten Juden, entsprechend der Aufschrift an einem Prunkwagen, „nur einen kleinen Ausflug“. Und die Initiatoren versprachen: „Wir finden die Letzten“.

Auch der Krieg und seine Folgen konnten den Karneval nicht umbringen. Gerade in Notzeiten sind die Menschen oft dankbar, sich ablenken oder auch einfach das eigene Leid verdrängen zu können. In Köln hat die „Cäcilia Wolkenburg“ schon 1946 wieder ein Divertissementchen aufgeführt. Einen ersten Rosenmontagsumzug konnten die Menschen 1948 bejubeln. Der erste „offizielle“ Karneval fand ein Jahr später statt. In Köln wurden die „Eingeborenen von Trizonesien“, d.h. die Einwohner der drei Besatzungszonen, besungen. Der Zug stand unter dem Motto: Mer sin wedder do un dunn wat mer künne“. Das

[281] General-Anzeiger Bonn vom 09./10.02.2002, S. 11
[282] Sonderbeilage des Kölner Stadt-Anzeigers vom 13.01.1998, S. 16

Dreigestirn nahm das Motto wörtlich und begann am Ende der Session mit der Entschuttung des Gürzenichs.

Ewiger Karneval

Es wurde also weiter gefeiert, nicht nur in West- sondern auch in Ostdeutschland. Doch durfte in der DDR nicht von Verkehrter Welt die Rede sein, geschweige denn, entsprechend gefeiert werden. Der Sozialismus überwachte das närrische Treiben mit äußerster Aufmerksamkeit. So wurde die Abwehr von „Störversuchen gegen den friedlichen Aufbau des Sozialismus“ organisiert. Überall witterte man „Störungen der staatlichen Sicherheit und öffentlichen Ordnung“ durch den Feind. Jede Rede, jedes Lied, jeder Wagen für den Rosenmontagszug wurde zensiert. Im Arbeiter- und Bauernstaat verstand man keinen Spaß, wenn jemand sich über die Parteispitzen hätte lustig gemacht.[283]

Die heute karnevalsfreudigste Stadt ist Wasungen in Thüringen, das auf eine 450-jährige Karnevalsgeschichte zurückblicken kann. Bei den Büttenrednern wirkt die Vergangenheit immer noch fort. Einige von ihnen weigerten sich nach der Wiedervereinigung z.B. vor einem Auftritt strikt, ihre Manuskripte einzureichen: „wir sind doch hier nicht bei der Stasi“.[284]

Inzwischen gibt es allein in Köln um die 160 Karnevalsgesellschaften. Erst seit 1958 gibt es in Beuel eine Wäscherprinzessin. Alternativer Karneval feiert in Stunksitzungen, einer Mischung aus Karneval und Kabarett. 1990 wurden zum erstenmal zwei Frauen in den Vorstand des Kölner Festkomitees aufgenommen. Und 1999 gründete das weibliche Geschlecht eine erste eigene Karnevalsgesellschaft, nämlich die 1. Kölner Damen KG Colombina Colonia oder zu gut kölsch „De kölsche Düvjer“.

---

[283] Föller, Hans-Joachim: Im Karneval verstand die Stasi keinen Spaß, in: General-Anzeiger vom 10.02.2004

[284] ebd.

Nur übergroße Leiden haben die Menschen davon abhalten können, Karneval zu feiern. Das waren Kriege, Hungersnöte oder Naturkatastrophen wie Überschwemmungen an Rhein oder Tiber. Ansonsten wollte und will man ungehemmt feiern, sich Zwängen und Tabus widersetzen, in Menschenmengen eintauchen, den Alltag vergessen. Unter dem Deckmantel der Maskierung war und ist alles erlaubt.

Mit dem ersten und zweiten Weltkrieg sind die alten Hierarchien untergegangen. Gesellschaftliche Schranken existieren kaum noch. Nicht Geburt und Herkunft bestimmen nun, wer Ansehen hat oder nicht, sondern im Allgemeinen Geld und Beziehungen. Der Karnevals-"prinz" ist wie Bauer und Jungfrau eine der letzten Reminiszenzen an die „gute alte Zeit".

Nur die wirklich weisen Menschen haben wohl kein Bedürfnis, Karneval zu feiern. Aber es sind die wenigsten Menschen, denen es vergönnt ist, wirklich weise zu werden. Die meisten, die Karneval von sich weisen, haben wohl eher Schwierigkeiten, sich fallen zu lassen. Aber Karneval wird es immer geben, und deshalb werden sich auch weiterhin Menschen darüber beklagen, dass Karneval die Welt auf den Kopf stellt.

Heute ist es selbstverständlich, dass Frauen in unserem Kulturkreis „Männerkleidung" tragen. Selbst umgekehrt wird die Sache eher mit Humor gesehen. Der Stoff der Kostüme wird knapper, nicht aus Not sondern aus Übermut. Und Nonnen-, Mönchs- und Priesterkostüme sind auch wieder aktuell. Regen Sie sich nicht darüber auf: ´s war immer so!

Mit der Wiedervereinigung 1990 hat Gottfried Kinkels Prolog zu seinem Divertissementchen neue Aktualität erhalten. Da heißt es:

> Ihr wisst, der Fasching ist des Bürgers Fest,
> Und der kein Bürger, der vom Fasching lässt.
> Viel Scheidewände siehst du aufgebaut,
> Daß keiner brüderlich dem andern traut;
> Und scheidet scharf das Silber und der Titel,

Da tritt der frohe Karneval ins Mittel,
Und wie der Rausch aus seinem Kelche flammt,
So sind e i n V o l k wir wieder insgesamt!
Nichts gilt die Frage mehr nach Arm und Reich,
In bunter Kappe sind wir alle gleich![285]

Letztlich wird Karneval immer das sein, was schon Goethe nachdenklich vom römischen Karneval gesagt hat: „Wenn uns während des Laufs dieser Torheiten der rohe Pulcinell ungebührlich an die Freuden der Liebe erinnert, denen wir unser Dasein zu danken haben, wenn eine Baubo auf öffentlichem Platze die Geheimnisse der Gebärerin entweiht, wenn so viele nächtlich angezündete Kerzen uns an die letzte Feierlichkeit erinnern, so werden wir mitten unter dem Unsinne auf die wichtigsten Szenen unsers Lebens aufmerksam gemacht.

Noch mehr erinnert uns die schmale, lange, gedrängt volle Straße an die Wege des Weltlebens, wo jeder Zuschauer und Teilnehmer mit freiem Gesicht oder unter der Maske vom Balkon oder vom Gerüste nur einen geringen Raum vor und neben sich übersieht, in der Kutsche oder zu Fuße nur Schritt vor Schritt vorwärts kommt, mehr geschoben wird als geht, mehr aufgehalten wird als willig stille steht, nur eifriger dahin zu gelangen sucht, wo es besser und froher zugeht, und dann auch da wieder in die Enge kommt und zuletzt verdrängt wird. ...

Vielmehr wünschen wir, dass jeder mit uns, da das Leben im ganzen wie das Römische Karneval unübersehlich, ungenießbar, ja bedenklich bleibt, durch diese unbekümmerte Maskengesellschaft an die Wichtigkeit jedes augenblicklichen, oft gering scheinenden Lebensgenusses erinnert werden möge.“[286]

---

[285] Neue Rhein-Zeitung vom 18. Februar 1958: Fastelovend „lebte“ – trotz Verbot, Stadtarchiv Bonn 100/2955

[286] Goethe, J.W. v.: Das Römische Karneval, a.a.O., S. 431

Literaturverzeichnis

Angenendt, Arnold: Geschichte der Religiosität im Mittelalter, Darmstadt 1997

Antike Lyrik, herausgegeben von Carl Fischer, München 1964

Bachtin, Michail: Literatur und Karneval, Zur Romantheorie und Lachkultur, München 1969

Borst, Otto: Alltagsleben im Mittelalter, Frankfurt am Main 1983

Brant, Sebastian: Das Narrenschiff, Nachdruck M. Lemmer, Tübingen 1968

Bremmer, Jan N.: Götter, Mythen und Heiligtümer im antiken Griechenland, Darmstadt 1996

Burckhardt, Jacob: Die Kultur der Renaissance in Italien, Nachdruck Berlin 1928

Clemen, Carl: Der Ursprung des Karnevals, in: Archiv für Religionswissenschaft (ARW), herausgegeben von Richard Wünsch, 17. Band, Leipzig 1914, S. 139-158

Crous, Helmut: Karneval in Aachen, Wie er wurde. Wie er war. Wie er ist. Närrische Kur seit 1133, Aachener Karnevalsverein 1859-1959, Aachen 1959

Ders.: Alaaf Oche, en wenn et versönk! Die Fastnacht in Aachen im Laufe der Jahrhunderte, Aachener Karnevalsverein 1859-1984, Aachen 1984

Döpp, Siegmar (Hg.): Karnevaleske Phänomene in antiken und nachantiken Kulturen und Literaturen, Trier 1993

Durant, Will: Das frühe Mittelalter, München 1978
Eckart, Willehad Paul: Erasmus von Rotterdam, Werk und Wirkung, Bd. 1, Köln 1967

Ders.: Totentanz – einst und jetzt, in: Lebenswege-Totentänze, Düsseldorf 2004

Ehrhard, Albert: Urkirche und Frühkatholizismus, Köln 1951

Eliade, Mircea: Geschichte der religiösen Idee, Bd. I, Freiburg i.B. 1978

Ders.: Kosmos und Geschichte, Der Mythos der ewigen Wiederkehr, Frankfurt am Main 1984

Elias, Norbert: Studien über die Deutschen, Frankfurt (Main) 1989

Euler-Schmidt, Michael: Kölner Maskenzüge 1823-1914, hg. von Werner Schäfke, Köln 1991

Fischer-Fabian, S.: Der jüngste Tag, Die Deutschen im späten Mittelalter, München 1988

Frazer, James George: Mensch, Gott und Unsterblichkeit, Leipzig 1932

Frohn, Christine: Karneval in Köln, Düsseldorf und Aachen 1823-1914, Bonn 1999

Fuchs, Peter, et al.: Kölner Karneval, Seine Bräuche, seine Akteure, seine Geschichte, 175 Jahre Festkomitee des Kölner Karnevals von 1823 e.V., Köln 1997

Görgens, Manfred: Kleine Geschichte der indischen Kunst, Köln 1986

Goethe, Johann Wolfgang von: Gesammelte Werke in sieben Bänden, herausgegeben von Bernt von Heiseler, Bielefeld o.J.

Gressmann, Hugo: Altorientalische Texte zum Alten Testament, Berlin und Leipzig 1926

Guyot, Peter/Klein, Richard (Hrsg.): Das frühe Christentum bis zum Ende der Verfolgungen, Eine Dokumentation, Darmstadt 1997

Harmening, Dieter: Superstitio, Überlieferungs- und theoriegeschichtliche Untersuchungen zur kirchlich-theologischen Aberglaubensliteratur des Mittelalters, Berlin 1979

Heers, Jacques: Vom Mummenschanz zum Machttheater, Europäische Festkultur im Mittelalter, Frankfurt am Main 1986

Heiler, Friedrich: Erscheinungsformen und Wesen der Religion, Stuttgart; Berlin; Köln; Mainz 1979

Helmrath, Johannes: Das Basler Konzil 1431-1449, Forschungsstand und Probleme, Köln u.a. 1987

Hirschbiegel, Jan: Etrennes, Untersuchungen zum höfischen Geschenkverkehr im spätmittelalterlichen Frankreich der Zeit König Karls VI. (1380-1422), München 2003

Hutter, Manfred: Religionen in der Umwelt des Alten Testaments I (RUAT), Stuttgart; Berlin; Köln 1996

Karsten, Arne, Reinhardt, Volker: Kardinäle, Künstler, Kurtisanen, Wahre Geschichten aus dem päpstlichen Rom, Darmstadt 2004

Kenner, Hedwig: Das Phänomen der Verkehrten Welt in der Griechisch-römischen Antike, Klagenfurt 1970

Klersch, Josef: Die Kölnische Fastnacht von ihren Anfängen bis in die Gegenwart, Köln 1961

Kraus, Jörg: Metamorphosen des Chaos: Hexen, Masken und verkehrte Welten, Würzburg 1998

Küster, Jürgen: Wörterbuch der Feste und Bräuche im Jahreslauf, Eine Einführung in den Festkalender, Freiburg im Breisgau 1985

Logan, F. Donald: Die Geschichte der Kirche im Mittelalter, Darmstadt 2005

Lurker, Manfred: Wörterbuch der Symbolik, Stuttgart 1988

Mezger, Werner: Antike Motive und Elemente in der Fastnacht des Spätmittelalters? Zu Kontinuität und Diskontinuität der Traditionen des klassischen Altertums, in: J. Kraus: Metamorphosen des Chaos, S. 239-264

Moortgat, Anton: Tammuz, Der Unsterblichkeitsglaube in der altorientalischen Bildkunst, Berlin 1949

Moser, Dietz-Rüdiger: Fasching – Fastnacht – Karneval, Das Fest der „Verkehrten Welt", Graz; Wien; Köln 1986

Moser, Hans: Städtische Fastnacht des Mittelalters, Volksleben 18 (1967), S. 135-202

Von Müller, Achatz: Karneval in Venedig, Internet

Muth, Robert: Einführung in die griechische und römische Religion, Darmstadt 1988

Nilsson, Martin P.: Griechische Feste von religiöser Bedeutung mit Ausschluss der attischen, Leipzig 1906

Ortega y Gasset, José : Die Schrecken des Jahres eintausend, Kritik an einer Legende, Leipzig 1992

Prass, Ilse, Zällner, Klaus: Vom Helden Carneval zum Kölner Dreigestirn: 1823-1992, Köln 1993

Rau, Reinhold: Briefe des Bonifatius, Willibalds Leben des Bonifatius nebst einigen zeitgenössischen Dokumenten, Darmstadt 1968

Rosenfeld, Hellmut: Fastnacht und Karneval – Name, Geschichte, Wirklichkeit, Archiv für Kulturgeschichte 51.52 1969/70, S. 175-181

Schimmelpfennig, Bernhard: Das Papsttum, Von der Antike bis zur Renaissance, Darmstadt 1996

Schmitt, Jean-Claude: Heidenspaß und Höllenangst, Aberglaube im Mittelalter, Frankfurt/M./New York 1993

Schmitz, Johann Ignatz: Die Weiberfastnacht zu Beuel am Rhein, Ein Beitrag zur Geschichte der Heimat, Schriften des Heimatvereins Beuel am Rhein 1949

Schmökel, Hartmut: Kulturgeschichte des Alten Orient, Augsburg 1995

Schneider, Fedor: Kalendae Ianuariae und Martiae im Mittelalter, in: Archiv für Religionswissenschaft (ARW), herausgegeben von Otto Weinreich, Zwanzigster Band, Leipzig und Berlin 1920-1921, S. 82-134 und S. 360-410

Schopenhauer, Johanna: Das Kölner Carneval, in: Ausflug an den Niederrhein und nach Belgien im Jahr 1828, hg. v. Karl Bernd Heppe und Annette Fimpeler, Essen 1987

Simrock, Karl: Handbuch der Deutschen Mythologie mit Einschluß der nordischen, Bonn 1869

Sprenger, Jakob, Institoris, Heinrich: Der Hexenhammer (Malleus maleficarum), Nachdruck der Ausgabe Berlin 1906

Stelzmann, Arnold, Frohn, Robert: Illustrierte Geschichte der Stadt Köln, Köln 1984

Tausend Jahre Abendland, die großen Umbrüche, Frankfurt a.M. 1999

Usener, Hermann: Die Sintflutsagen, Bonn 1899

Wiegand, Hermann: Bacchanalia Neo-Latina. Zur Rezeption antiker Karnevalsmotive in der neulateinischen Literatur, in: J. Kraus: Metamorphosen des Chaos, S. 265-286

Winckler, Hugo: Himmels- und Weltenbild der Babylonier als Grundlage der Weltanschauung und Mythologie aller Völker, Leipzig 1901

Wolf, Irmgard, Engelhardt, Manfred: Von Karneval bis Erntedank, Rheinische Bräuche, Rezepte, Sagen & Geschichten, Köln/Duisburg 2001

Wolfram von Eschenbach: Parzival, München 1950

Zimmern, Heinrich: Das babylonische Neujahrsfest, Leipzig 1926